KB212436

새가 꽃을 물어오지 않아도
봄바람은 저절로 꽃다운 것을

새가 꽃을 물어오지 않아도
봄바람은 저절로 꽃다운 것을

장곡스님의 아침편지

불교신문사

순일한 메시지로 대중에게 다가가길

　몸은 도심 속에 있지만 마음은 늘 산승(山僧)으로 살아왔습니
다. 하릴없는 도인으로 살고자 했는데 부처님 말씀으로 산문 밖
의 사람들과 교감하고 소통하며 살아온 세월이 40년을 훌쩍 넘
었습니다. 이런 가운데 전자기기의 발달로 이루어진 사회관계망
서비스(SNS)를 통해 짤막한 부처님 말씀을 하루도 거르지 않고
매일 아침 전해 온 일도 어느덧 20년 세월에 이르고 있습니다.
　사람들은 소납이 보낸 부처님 말씀으로 매일 아침 문을 열었
습니다. 힘든 세상사에 위로가 되고 청량한 활력소가 된다고 답
신을 보내왔습니다. 아무도 관심을 갖지 않았던 때 소납은 대전
시 서구 둔산동에 백제불교회관을 내고 미력하나마 전법의 소
임을 하고자 했습니다. 글은 전법의 한 수단이었습니다. 백제불
교회관을 통해 맺은 인연들은 SNS 글에 호응하며 힘을 실어주
었습니다. 소납이 지금까지도 그만두지 못하고 부처님 말씀을
올리는 이유입니다. 부처님의 짤막한 말씀과 소납의 단상이 실
린 이 글들은 이웃종교의 목사님이 인용할 정도로 지역사회에

선 회자가 됐습니다. 그저 고마울 따름입니다.

그래도 늘 죄스러웠습니다. 부처님 말씀의 진의를 왜곡하고 있진 않는가, 나의 가식을 그대로 드러내는 짓은 아닌가 회의도 들었습니다. 하지만 불자님들의 사랑이 초심 그대로 지금까지 유지되는 것이 고마워 내 마음같이 쉽게 거두어들이지 못한 채 오늘도 자판을 두드리고 있습니다.

겨울이 깊어지던 어느 날 불교신문에서 책으로 내겠다고 제의를 해 왔습니다. 부처님 말씀을 한 데로 모은 묶음집이 또 다른 포교 역할을 할 수도 있겠다는 기대감으로 출판을 수락했습니다. 세상은 중연소생(衆緣所生)이므로 여럿의 인연이 하나로 계합할 때 비로소 만물이 큰 힘을 얻고 군생(群生)이 축복의 삶을 산다고 하였습니다.

대중과 사회와의 소통은 순일함을 유지할 때 이루어집니다. 언구(言句)가 따스하고 지행(知行)이 합일하는 순일함을 보여야 대중이 감동하고 사회가 따스하게 변화합니다.

이 책이 이러한 순일함과 따스함으로 대중에게 다가갔으면 좋겠습니다. 편집과 제작에 애쓰신 불교신문 출판부에게 감사드리며 독자님들 모두 신축년 새해 희망찬 내일을 열어나가시길 기원드립니다. 감사합니다.

불기 2565년 봄
계룡산인 **장곡** 합장

차
례.

2장
청정한 불자의 삶

3장
지혜로운 불자의 삶

4장
수행하는 불자의 삶

5장
회향하는 불자의 삶

참다운 불자의 삶

그릇된 소견은
괴로움에 빠진다

아무 악이 없는 곳에서
악을 상정하고
악이 있는 곳에서는
악을 못 보는 사람들

그릇된 소견들을
붙들고 있는 그들은
괴로움의 처지로 간다.

— 법구경

세상을 살아가다 보면 때로는 세상살이가 불공평하다고 느낄 때가 있습니다. 어떤 이는 온갖 못된 짓을 다 하는데도 떵떵거리며 살고, 어떤 이는 선량하게 열심히 노력함에도 사는 것이 힘든 경우가 있기 때문입니다.

사람들은 그런 경우들을 보면 자연히 '무슨 짓을 해서라도 잘 먹고 잘 살면 그만'이라는 이기주의가 꿈틀거리게 됩니다. 실제로 주변을 돌아보면 평소에 그토록 착했던 이가 무슨 일을 겪은 후부터 갑자기 이기적으로 변한 모습을 접할 수 있습니다. 하지만 인과는 역연함을 알아야 합니다. 인과의 업은 마치 꽃잎과 줄기와 열매가 본래 씨앗 속에 숨어 있는 것과 같습니다.

열매가 알맞은 기후 조건에 맞아 떨어지면 싹이 나고 꽃을 피우듯, 인과도 그와 같아서 자신이 지은 업의 과보가 당장은 나타나지 않는다 할지라도 시절인연이 도래하면 피할 수 없습니다.

『아함경』에 이르길, '조그마한 죄를 짓고도 지옥에 떨어지는 사람이 있고, 큰 죄를 짓더라도 지옥에 떨어지지 않는 사람이 있다. 후자는 현세의 잘못을 깨닫고 현세에서 죄 갚음을 하는 사람이고, 전자는 자기의 죄를 깨닫지 못하고 자신의 몸과 마음을 닦지 않은 사람이다'라고 합니다.

선인선과 악인악과는 자연의 이치로서 그때를 당하여 후회해도 이미 때는 늦으니 깊이 유념할 일입니다. 고요한 새벽 산사의 종성소리가 온 산야를 울립니다.

분노를 버려야
복락이 따르나니

분노하면 법을 보지 못하고
분노하면 도를 알지 못한다.
분노를 버릴 수 있는 사람은
복과 즐거움이 언제나 그 몸을 따른다.

— 법구경

살다보면 때로는 치솟는 분노를 억제하기 어려울 때가 있습니다. 지혜로운 이는 그때를 당하면 '분노가 치승하면 눈과 귀를 멀게 하여 부모 형제 일가친척도 거역하고 이웃을 해치는 잔인함을 불러옴'을 알기 때문에 분노에 걸리지 않습니다.

『법집요송경』에 '인내하라'는 말이 나옵니다. "분노를 가슴에 안고 살아가는 사람이여! 그대 마음속에 고통과 괴로움이 함께 있구나. 불길 같은 마음에 사로잡힌 사람이여! 그 마음을 버리지 않는다면 그대는 끝내 스스로 깨달을 수 없으리. 인내는 천상에 태어나는 사다리여서 윤회의 공포로부터 탈출하게 한다. 인내는 분노를 이기고 선행은 악행을 이긴다. 만약 이를 수행한다면 지옥의 고통에서 벗어날 수 있게 된다."

분노하면 온갖 장애의 문이 한꺼번에 열리지만 인내하면 온갖 상서로운 문이 활짝 열립니다. 관음의 너그러움과 신장의 단호함으로 걸림 없이 여여한 날들이 되소서!

백운 화상은 노래합니다.

"배고프면 밥 먹고 피곤하면 잠자지, 마음 한 번 쉬어지니 모든 일에 한가롭네. 시비를 들이대며 내게 따지지 말게나, 세상의 사람 일을 간섭하지 않노라."

하나의 생명은
그 자체가 하나의 우주

누구나 죽음을 두려워하고
누구나 폭력을 무서워한다.
서로의 처지를 바꿔 생각해
남을 죽이거나 폭행하지 말라.

뭇 생명에게 고통을 주지 말고
항상 편안하게 해주면
이 세상에서도 피해를 보지 않고
다음 세상에서도 영원히 편안하리라.

— 법구경

살아 있는 모든 존재는 폭력을 두려워하고 죽음을 슬퍼합니다. 생명은 세상에 단 하나밖에 없는 소중한 것이기 때문입니다. 그러할진대 어찌 함부로 폭력을 휘두르고 생명을 경시할 것인가요?

『정법념처경』에 이릅니다.

"모든 법은 목숨으로 근본을 삼고, 사람은 다 제 목숨을 보호한다. 그러므로 살생을 하지 않으면 그것은 바로 목숨을 주는 것이요, 목숨을 주는 것은 모든 즐거움을 주는 것이다. 그러므로 제일의 보시란 이른바 목숨을 주는 것이니, 이와 같이 생각하는 것은 천상에 나는 인이 되는 것이다. 훌륭한 계율이란 이른바 목숨을 주는 것이다."

하나의 생명은 그 자체가 하나의 우주입니다. 한 생명을 살림은 한 우주를 살리는 것이요, 하나의 생명을 죽임은 한 우주를 죽이는 것입니다. 이러한 이치를 깨달으면 생명에 대한 자비심이 절로 우러나니 어찌 행하지 않으리오.

『석문의범』에 이릅니다.

"전단향나무로 중생의 모습을 만들고 여래와 보살의 모습도 만들어, 비록 천만가지 얼굴이 다 다르지만, 만약 그 향기를 맡아 보면 모두가 같은 전단향의 향기라네."

복을 지어야
즐거움이 늘 충만해

사람이 복 짓는 일을 하게 되거든
당연히 자주 자주 지어야 한다.
그 뜻에 모름지기 즐거움이 있으니
그 복의 과보가 저절로 오느니라.

— 법구경

사람들은 누구나 생활에서 누리게 되는 큰 행운과 오붓한 행복, 또는 거기에서 얻는 기쁨과 즐거움을 원합니다. 이를 복(福)이라고 부릅니다. 그런데 복은 아쉽게도 저절로 오는 것이 아니고, 누가 주는 것도 아닙니다. 복은 '스스로 짓고 스스로 받는 것'이기 때문입니다. 그렇다면 복을 짓고 받으려면 어찌해야 할까요?

『아함경』에 이릅니다.

"대저 사람이 도를 행할진대 널리 불쌍히 여기고 널리 사랑하기를 힘써라. 남에게 덕을 베푸는 것은 보시 외에 더 큼이 없나니, 뜻을 세워 그 도를 행하면 복이 심히 크리라. 또 다른 사람이 남에게 보시하는 것을 보고 즐거운 마음으로써 도와주면 또한 많은 복을 얻으리라.

한 사람이 질문하되 '그러면 저 사람의 복이 마땅히 감해지지 않겠나이까?' 성인이 이르시되 '그는 비유컨대 저 횃불과 같아서 비록 수천 백인이 와서 그 불을 붙여 간다 할지라도 저 횃불은 그로 인하여 조금도 적어지지 아니하고 그대로 있을 것이니, 복도 또한 그러하나니라."

복은 자신이 지은 업으로 인연합니다. 복을 열심히 지으면 복은 저절로 들어올 것이니, 어찌 복이 없음을 한탄만 할 것인가요? 열심히 복 짓는 날들이 되소서!

야부도천 선사는 노래합니다.

"억천 부처님 공양은 복이 끝이 없으나 옛 가르침을 항상 보고 지니는 것만 하겠는가? 백지 위에 검은 글자를 써서 청컨대 그대가 눈을 열어 목전을 바로 볼지어다. 바람은 고요하고 물결은 잔잔한데 집 떠난 사람 마침 저 어선 위에 있네."

마음 잘 다스려야
삶의 안락 얻어

자신의 마음을
잘 다스리는 사람은
삶의 안락을 얻는다.

한 마음이 선하면
모든 선이 이에 따라
일어나고

한 마음이 악하면
모든 악이 이에 따라
일어나는 것이므로

마음은 모든 선악의
근본이 되느니라.

— 법구경

『열반경』에 '남들이 떠드는 이론에 잘못 이끌리지 말라'는 말씀
이 나옵니다.

부처님께서 코살라국의 케사푸타 지방에 제자들과 함께 계
실 때였다. 어느 날 카라마족 사람들이 성인께 여쭈었다.
"세존이시여! 이곳 케사푸타를 방문하는 바라문이나 다른
수행자들은 오직 자기들만의 가르침을 설명하고 가르치면서
다른 사람들의 가르침에 대해서는 헐뜯고 비방합니다. 더구나
또 다른 바라문이나 수행자들도 자기들만의 가르침만을 자랑
스럽게 가르치고, 다른 이들의 가르침은 헐뜯고 있어 저희들
은 도대체 누구의 말이 진실인지 알 수가 없나이다."
"카라마 사람들이여! 당신들이 의심하고 동요하는 것은 당
연합니다. 의심은 의심스러운 것에서 일어납니다. 카라마 사
람들이여, 잘 들으시오. 남들의 견해나 전통이나 소문에 잘못
이끌리지 마시오. 전해오는 종교적 성전의 권위나 단순한 논
리나 추론이나 외형적 관심이나 반성, 그리고 남들이 떠드는
이론에 잘못 이끌리지 마시오. 당신들 스스로가 살펴서 부정
당하거나 비난 받을 만하거나 지혜로운 사람들에게 책망 받을
만한 것들이 있거든 그것을 진실로 버려야 할 것이요. 그러한
것들을 행하면 손실과 슬픔에 빠지고 말 것이요. 그러나 스스
로 생각해 보아 옳고 바르며 유익한 것들이면 그것을 받아들

이시오. 그러면 행복에 이를 것이오."

　사람들 중엔 진리를 논할 때, 자신의 견해만이 옳다고 주장하거나, 자신의 사고를 받아들이길 강요하거나, 성스러운 곳에만 있다고 고집하는 이들이 있습니다. 하지만 진리는 우리네 삶과 동떨어진 곳에 있는 것이 아닙니다. 진리는 누구나 인지할 수 있는 보편적인 것입니다. 부처님께서는 '생각생각에 보리심(菩提心)을 갖고 있으면 가는 곳마다 안락국(安樂國)이 된다'고 했습니다. 깊이 유념하소서!

　경봉 스님은 노래합니다.

　"서로서로 만날 때 향기를 얻고, 온화한 바람 속에 봄볕도 따사롭네. 인생의 괴로움과 즐거움은 마음에서 일어나는 것이니, 활달한 눈으로 세상을 보면 만사가 모두 편안하리라."

원망을 원망으로
갚지 말라

미움은 미움으로 대하면
끝내 풀리지 않는다.
미움은 미움이
없을 때에만 풀리나니
이것이 여래의 진리이다.

— 법구경

세상을 살다보면 이런저런 이유로 상대를 미워할 때가 있습니다. 어떤 때는 그 미움이 너무 강해서 증오할 때도 있습니다. 하지만 미움은 불길과 같아서 남을 태우기 전에 반드시 자신을 먼저 상하게 만듭니다.

『잡아함경』에 이르길, "바람을 마주하여 먼지를 털면 그 먼지가 다시 자신에게로 돌아오듯이, 미움을 미움으로 대하면 그 미움은 반드시 자신에게로 되돌아온다. 미워하는 사람, 미움을 미움으로 대하는 사람은 그 누구든 재앙을 벗어날 수 없다. 원망을 원망으로 갚지 말라. 그것이 원수를 항복시키는 유일한 길이다."라고 말합니다. 미움이 솟구칠 때는 인생이 무상함을 떠올리십시오? 미움이 아무리 강렬해도 이 또한 지나가는 한줌의 바람일 뿐입니다.

서산 대사는 노래합니다.

"모든 이치 옳고 그르고 허깨비일세, 바닷속 모래알을 언제 다 헤리. 막힌 벽 굳은 성문 뚫는 일밖에, 이러쿵저러쿵 묻지 말게나."

하심은 수행하는 이의
기본

칭찬을 바라는 모든 허영 버리고
이름을 생각하는 욕심 뿌리 끊어서
밤이나 낮이나 하나를 지키면
그 마음 언제나 안정을 얻으리라.

― 법구경

사람들은 타인이 자신을 인정해주고 존경해주길 바랍니다. 타인으로부터 인정과 존경을 받기 위해선 '나를 낮추는 겸허의 자세와 내가 없는 경지'를 실천해야 합니다. 즉, 조그만 나를 버려야 하는 것입니다. 그런데 어떤 이들은 자신만을 내세우고, 자신만이 옳다고 떠들고, 자신에게 공이 있다고 뽐내기만 하니, 어찌 타인으로부터 인정과 존경을 받을 수 있을까요?

자신을 높이지 않음과 동시에 남을 업신여기지 않을 때, 비로소 타인으로부터 인정과 존경을 받을 수 있음을 유념하소서!

석주 정일 선사는 노래합니다.

"하심은 수행하는 이의 기본이다. 하심이 없으면 수행도 껍데기에 불과하다. 남에게 존경을 받으려면 먼저 남을 존경해야 한다. 하심을 하면 다툴 일이 없다. 하심하는 것이 곧 부처님 마음이기 때문이다."

흔들리는 마음 번뇌
흔들림 없는 마음 보리

마음이 모든 법의 으뜸이며
마음이 모든 법의 주인이며
마음이 모든 법을 지어낸다.

만약 사람이 악한 마음으로
말하거나 행동하면
고통이 반드시 따를 것이다.
수레바퀴가 황소의 발을
뒤따르는 것처럼.

만약 사람이 선한 마음으로
말하거나 행동하면
행복이 반드시 따를 것이다.
그림자가 몸을 떠나지 않는 것처럼.

— 법구경

사람의 마음은 참으로 묘해서 자기가 자기의 마음을 알 수 없습니다. 달마 대사는 탄식하길, "너그럽고 좋을 때는 천하를 다 주어도 아깝지 않으나, 한번 옹졸해지고 싫으면 그 마음에 바늘구멍 하나 들어갈 틈도 없다."고 하였습니다.

　　부처님께서는 흔들리는 마음을 번뇌(煩惱)라 하고, 흔들림 없는 마음을 보리(菩提)라 하십니다. 하지만 '번뇌와 보리는 본래 둘이 아닌 하나(煩惱卽菩提)'라고 이릅니다. 즉, 번뇌 속에 보리의 성품이 들어 있다는 것입니다.

　　둘이 아닌 참 마음을 깨치면 자기의 마음을 바로 알 수 있게 되어 지옥이 극락 되는 신통한 묘용이 몰록 드러납니다. 참 마음을 바로 깨달아 업화가 치승하는 예토(穢土)가 행복으로 충만한 적광토(寂光土)로 바뀌는 묘용을 누리소서!

　　무의자 혜심 선사는 노래합니다.

　　"녹은 얼음 맛보는 것보다 차고, 맑기는 새로 닦은 거울 같아라. 다만 일미(一味)의 맑음 가지고서도 수많은 그림자 잘 응하는구나."

가정이 평안하면
초가삼간도 극락

집에서는 부모를 효로 섬기고
가정을 다스려 처자를 보살피며
부질없는 짓을 행하지 않는 것,
그것이 가장 좋은 길상이다.

— 법구경

가정은 인간생활의 근간을 이루는 공간입니다. 그러므로 가정이 평안하면 사회생활도 평안하며, 가정이 불화하면 사회생활도 불안해지기 십상입니다. 그래서 『명심보감』에도 '집안이 화목하면 만사가 이루어진다'고 하였습니다.

랍비 메이어의 일화는 가정의 평안이 얼마나 중요한 것인가에 대하여 깊은 생각을 안겨줍니다.

랍비 메이어는 설교를 매우 잘하는 사람이었습니다. 한 여성이 그의 설교를 듣고 늦은 시간에 집으로 돌아갔습니다. 그녀의 남편은 부인을 윽박지르며 "당신이 메이어의 얼굴에 침을 뱉고 돌아올 때까지 집에 들여놓지 않겠다."고 했습니다. 그녀는 집에서 쫓겨나 친구 집에 머물 수밖에 없었습니다.

이 소식을 들은 메이어는 그녀를 초대하여 "자신의 눈병에는 여인의 침이 효과가 있으니 당신이 해주십시오."라고 부탁했습니다. 그녀는 메이어의 눈에 침을 뱉고 집으로 돌아갔습니다. 메이어의 제자들이 그의 행동에 의구심을 품자, 메이어는 '가정의 평화를 되찾기 위해서는 어떤 일이라도 해야 한다'고 말했습니다.

고대광실에 살지라도 가정이 불화하면 그곳은 지옥이며, 가정이 평안하면 초가삼간도 극락입니다. 가장 소중한 이들과 함께 극락세계의 평안함을 누리는 행복한 날들이 되소서!

청허 선사는 노래합니다.

"보고 듣는 데 걸림 없으면 빛과 소리가 그대로 삼매. 새들이 공중을 날아가듯 사랑과 미움을 모두 떠났네. 경계에 부딪쳐도 무심하다면 관자재보살이 따로 있으랴!"

자비 앞에
적이 없다

마치 어머니가 목숨을 걸고
외아들을 아끼듯이
모든 살아 있는 것에 대해
한량없는 자비심을 내라.

— 법구경

세상엔 강한 이들이 참 많습니다. 어떤 이는 학문으로 강하고, 어떤 이는 재물로 강하고, 어떤 이는 권력으로 강하고, 어떤 이는 완력으로 강하고, 어떤 이는 신앙으로 강합니다. 하지만 그것들은 모두가 상대성이 있습니다. 그래서 서로 자기가 강하다고 주장하며 싸우고 시기하기에 세상엔 분란이 끊어지지 않습니다.

진정으로 강한 것은 모두를 품어주는 것입니다. 이를 불가에서는 자비라고 말합니다. 자비의 자(慈)는 '사랑의 마음으로 중생에게 즐거움을 주는 것'을 말하며, 비(悲)는 '불쌍히 여기는 마음으로 중생의 괴로움을 없애주는 것'을 말합니다.

사랑과 연민을 실천하는 자비 앞에는 적이 없습니다. 탐욕과 질투심과 분노의 마음을 극복하여 모든 이들이 함께 행복을 누리는 자비로움이 충만한 세상이 되소서!

맹교는 노래합니다.

"자비로운 어머니 손길의 실 가닥은 길 떠나는 아들의 옷을 깁기 위한 것. 벼슬길 멀어서 꼼꼼한 바느질 귀향이 더뎌질까 안타까워서라네. 어느 누가 어린 풀의 마음으로 햇빛 가득 쪼여주는 봄날의 은덕을 갚을까?"

온화한 마음으로
성냄을 이겨라

온화한 마음으로 성냄을 이겨라.
착한 일로 악을 이겨라.
베푸는 일로 인색함을 이겨라.
진실로 거짓을 이겨라.

— 법구경

사람은 누구나 큰 인물이 될 소양을 지니고 있습니다. 그런데 어떤 이는 큰 인물이 되고, 어떤 이는 범부가 되는 연유는 무엇일까요?

『우바이정행법문경』에 '큰 인물이 갖추어야 할 여덟 가지 조건' 이 나옵니다. "큰 인물은 여덟 가지 조건을 갖추어야 한다. 첫째 욕심이 적은 소욕, 둘째 만족함을 아는 지족, 셋째 고요하게 안정된 적정, 넷째 삿됨과 번뇌를 여의는 원리, 다섯째 부지런히 노력하는 정진, 여섯째 마음이 산란하지 않은 선정, 일곱째 일체를 아는 지혜, 여덟째 일체 거리낌이 없는 무애이다."

탐냄과 성냄과 어리석음을 여의고 마음에 걸림이 없으면 귀가 열리고 눈이 열리며 입이 열리니, 사람들은 그를 일러 큰 인물이 라 칭송합니다. 매사에 걸림 없는 여여한 날 되소서!

진각혜심 선사는 노래합니다.

"개울에 발 담그고 산을 보니 눈 맑아지네. 부귀영화 꿈꾸지 않으니 이 밖에 다시 무엇을 구하리."

말로 진리를 말하되
진리는 말에 있지 않다

손가락으로 달을 가리키되
달은 손가락에 있지 않고
말로써 진리를 말하되
진리는 말에 있지 않다.

— 법구경

머리를 깎고 염의를 걸친 스님들을 일컬어 수행자(修行者)라고 부릅니다. 『증일아함경』에 '수행자의 분류'에 대한 말씀이 나옵니다.

부처님께서 사위국 기원정사에 계실 때의 일이다. 어느 날 부처님께서는 까마귀와 돼지, 노새와 소의 비유를 들어 수행자들을 가르치셨다.

"어떤 사람이 까마귀와 같은 수행자인가? 그는 한적한 곳에 있으면서 음욕과 익혀온 온갖 나쁜 짓을 행하다가 문득 스스로 뉘우치고 부끄러워하며 자기가 한 일을 모두 남에게 말한다. 남들이 이 사실을 알고 조롱할까 두려워하기 때문이다.

그것은 비유하자면 이렇다. 까마귀는 배고픔에 못 이겨 고통 받다가 더러운 것을 먹고는 곧 주둥이를 닦는 것과 같다. 다른 새가 '이 까마귀는 더러운 것을 먹었다'고 비난할까 두려워하기 때문이다. 수행자가 나쁜 짓을 하고 그 허물을 남에게 말하는 것도 이와 같다.

어떤 사람이 돼지와 같은 수행자인가? 그는 한적한 곳에 있으면서 음욕과 익혀온 온갖 나쁜 짓을 하고도 스스로 뉘우치거나 부끄러워 할 줄 모른다. 도리어 남에게 '나는 다섯 가지 향락을 누리는데 저들은 그러지 못한다'고 자랑한다. 비유하자면 돼지가 항상 더러운 것을 먹고 더러운 곳에 누워 있으면서 다른 돼지들에게 뽐내는 것과 같다. 수행자가 스스로 음욕을 익혀 나쁜 짓을 하고도 부끄러워하지 않는 것도 이와 같다.

어떤 사람이 노새와 같은 수행자인가? 그는 수염과 머리를 깎고 불법을 배우되 감관이 안정되지 못하여 육근으로 육경을 대하면 온갖 어지러운 생각을 낸다. 위의와 법도가 없고 걸음걸이와 행동거지가 모두 계율에 어긋난다. 사람들이 그를 보면 '이 사람은 겉모습만 수행자 같다'고 조롱한다. 그러면 그는 '나도 수행자다, 나도 수행자다'라고 강변한다.

그것은 노새가 소 떼 속에 들어가 스스로를 일컬어 '나도 소다, 나도 소다' 하는 것과 같다. 그러나 그 노새는 귀를 보아도 소가 아니고, 뿔이나 꼬리도 소와 닮지 않았으니 소들은 그를 뿔로 받거나 발로 밟는 것과 같다.

어떤 사람이 소 같은 수행자인가? 그는 수염과 머리를 깎고 가사를 입고 견고한 믿음으로 집을 나와 불법을 배운다. 모든 감관이 안정되어 육경을 대하되 감관을 잘 보호한다. 그의 행동은 위의와 법도가 있고 걸음걸이와 행동거지가 모두 계율에 어긋나지 않는다.

사람들은 멀리서도 그가 오는 것을 보면 '어서 오시오, 친구여! 제때에 공양을 받아 모자람은 없었는지요' 하고 인사를 한다. 마치 좋은 소가 소 떼 속에 들어가 스스로 일컬어 '나는 소다'라고 하면 다른 소들이 털과 꼬리와 뿔과 소리가 같은 것을 알고 친근하게 다가와서 몸을 부비고 핥아주는 것과 같다."

아무리 머리를 깎고 염의를 걸쳤어도 속진에 찌들어 있다면 어찌 참된 수행자라 할 것인가요? 수행은 겉모습에 있지 않습니다. 비록 세속에 있다 할지라도 마음이 청정하면 그가 있는 곳이 바로 도량이요, 그가 바로 참된 수행자라 할 것입니다. 일념정진하여 필경 성불하소서!

승조 대사는 노래합니다.

"지수화풍 사대로 된 몸이 원래 주인이 없고, 색수상행식 오음으로 된 몸은 본래로 공한지라. 머리에 칼날이 다다르니, 마치 봄바람을 칼로 베는 것 같네."

과도한 재물 욕심은
파멸을 부른다

재물에 대한 갈망 때문에
지혜가 없는 자들은
자신들뿐만 아니라
다른 이들도 망치게 한다.

— 법구경

재물은 세상을 살아가는 데 필요한 요소입니다. 그래서 부처님께서는 재물에 대해서 별역 『잡아함경』에 이르길, '벌이 온갖 꽃을 채집하듯이 밤낮으로 재물을 얻으라'고 하십니다. 하지만 과도한 재물 욕심은 자칫 파멸을 부릅니다. 부처님께서는 '나는 재물이 가져올 화(禍)를 알고 있으므로 그것에 집착하기 말라고 가르친다. 왜냐하면 그것은 집착할 대상이 아니기 때문이다'라고 이릅니다.

자신의 정당한 노력이 아닌 타인을 속여 얻은 재물과 완력으로 빼앗은 재물 등은 삿되어 반드시 동티가 나니 어찌 삼가하지 않으리오? 정당하게 노력하여 재물을 모으고 그 재물을 이웃을 위하여 선행을 베푸는 이는 그 공덕으로 모든 일에 장애가 없고 길상이 넘치니 참으로 선재선재입니다.

소요태능 선사는 노래합니다.

"도시의 거리 붉은 먼지가 한 자나 쌓였는데, 얼마나 많은 벼슬아치 부침하는가? 누가 알까 한 조각 흰 구름과 골짜기, 하늘이 가난한 중에게 준 것이 만금 같아라."

세상은 인과의 법칙으로
이루어져 있다

행하고 나서 뒤에 후회하는
그러한 행위는 잘못한 것이다.

그는 그 열매를
울면서 눈물로 거둬야 하리.

행하고 나서 뒤에 후회하지 않는
그러한 행위는 잘한 것이다.

그는 그 열매를
기쁨과 즐거움으로 거두리.

— 법구경

세상은 한 치의 어긋남이 없는 인과(因果)의 법칙으로 이루어져 있습니다. 인과의 법칙이란 '이것이 있을 때 저것이 있고, 이것이 살 때 저것이 살며, 이것이 없을 때 저것이 없고, 이것이 멸하는 것에 의해 저것이 멸하는 것'을 말합니다.

　내가 한 말과 행동과 생각이 원인이 되어 그 과보(果報)가 되돌아오니 참으로 무서운 것이 인과의 법칙입니다. 인과의 그물에 걸리지 않고 날마다 여여한 날 되소서!

　환성지안 선사는 노래합니다.

　"지팡이 데리고 깊은 골 따라 홀로 흐르며 봄을 맞는다. 오는 길 소매 가득 꽃의 냄새여! 나비 한 마리 향기 따라 멀리서 온다."

분별심을 내면
참다운 보시가 아니다

형상에 집착 없이 보시해야 하며
소리나 냄새나 맛이나 감촉이나
생각의 대상에 집착함이 없이
보시해야 한다.

보살은 이와 같이 보시하되
아무런 생각의 자취도 없이
보시해야 한다.

— 금강경

『금강경』에 '응무소주 이생기심(應無所主 而生其心, 응당 머무는 바 없이 마음을 내라)' 하라는 대목이 나옵니다. 외부의 어떤 현상이나 작용에도 마음을 두지 말라는 뜻입니다.

또한 『금강경』에 이르길, '보시를 행함에 있어서 좋다, 싫다는 분별심을 내면 참다운 보시가 아니다'고 합니다.

"마음이 법에 머물러 보시를 행하면 마치 어떤 사람이 어두운 데 들어가서 아무 것도 보지 못하는 것과 같다. 마음이 법에 머물지 않고 보시를 행하면 마치 어떤 사람이 눈도 있고 햇빛도 밝게 비쳐서 가지가지 사물들을 볼 수 있는 것과 같다."

물은 일시적으론 갈라지는 듯하지만 가를 수 없으며, 단지 높은 곳에서 낮은 곳으로 흐를 뿐입니다. 그처럼 세상사 이치는 인연 따라 왔다가 인연 따라 떠나갈 뿐이니 어찌 좋고 싫음을 분별할 것인가요.

야부도천 선사는 노래합니다.

"대나무 그림자로 마당 쓸어도 땅 위에는 먼지 하나 일지 않는구나. 달빛은 연못 속에 들어 있건만 물을 뚫고 들어간 흔적 찾을 길이 없구나."

지은 대로 받는 것이
자연의 이치

거친 말을 하지 말라.
반드시 두려운 갚음이 있다.
악이 가면 재앙이 오니
폭력과 형벌이 되어 나에게 돌아온다.

— 법구경

『백유경』에 '악담의 과보'가 나옵니다.

　옛날에 어떤 사람이 다른 사람 때문에 깊은 시름에 빠져 있
었다. 그는 그 사람이 자신보다 부자이기 때문에 아무런 이유
도 없이 늘 미워하고 있었다. 이웃 사람이 그에게 물었다.
　"당신은 무슨 일로 그렇게 근심에 잠겨 있는가."
　그는 터무니없이 모함하며 이렇게 말하였다.
　"내 주위에 있는 한 사람이 나를 몹시 헐뜯는데, 나는 힘이
없어 그에게 보복을 할 수가 없다. '어떻게 하면 그를 이길 수가
있겠는가?'라고 생각하며 근심하고 있는 것이다."
　이웃 사람은 그를 도와주고 싶은 생각이 들어 비결을 일러
주었다.
　"당신이 비타라 주문(呪文)을 앞에서 외우면 그를 없앨 수 있
다. 그런데 한 가지 걱정이 있다. 만일 이 주문으로 그를 해칠
수 없으면 당신이 죽고 말 것이다."
　그는 이웃 사람의 말을 듣고 기뻐하였다.
　"내게 그 주문을 가르쳐 주시오. 비록 나 자신이 이 세상에
서 사라진다 해도 반드시 그를 해치고 말 것이오."
　이웃 사람은 비타라 주문을 가르쳐 주었다. 그는 자신이 미
워하는 사람을 찾아가 비타라 주문을 외웠지만 도리어 자신
이 화를 당해 죽고 말았다.

지은대로 받는 것이 자연의 이치입니다. 상대를 비방하는 악담은 도리어 자신을 해치는 비수로 돌아오니 깊이 유념할 일입니다.

서산 대사는 노래합니다.

"머무니 여여하고, 행하니 서서하다. 우러러 웃고, 굽어보며 탄식한다. 나고 드는 데 문이 없거니, 천지가 하나의 나그네이다."

상식을 지키면
모두가 평안하다

옳은 일 옳다 하고
그른 일 그르다 하는 사람
바른 견해 가진 사람이라네.
이러한 사람 천상의 길 들어서리.

— 법구경

현대사회는 인터넷이라는 문명의 이기를 통해서 전 세계가 시시각각으로 소통하고 있는 글로벌 시대입니다. 우리 모두는 원하든 원하지 않든 세계시민이 되어 있고, 될 수밖에 없는 시대에 살고 있습니다. 하지만 아직도 세상엔 지난 세기에나 있었음직한 일들이 일어나고 있습니다. 그런데 그런 일들을 벌이는 이들을 보면 대개가 많이 배우고 많이 가진 사람들입니다.

세상엔 시대와 사상과 종교에 상관없이 통하는 진리가 있습니다. 그것은 바로 사람이 지켜야 할 도리입니다. 그 도리는 아주 쉬우면서도 보편타당한 것입니다.

중국 당나라 때, 대문장가인 백낙천과 도림 선사와의 문답은 후인들에게 깊은 교훈을 주고 있습니다.

백낙천이 어느 날 도가 높다고 소문난 도림 선사를 찾아가서 문답을 하였다.

"불교의 가장 진실한 가르침은 무엇이오?"

"모든 악을 짓지 말고 많은 선을 행하며, 스스로 그 마음을 깨끗하게 하라는 것이 모든 부처님의 가르침이오."

"그것이야 삼척동자도 다 아는 얘기가 아니오?"

"삼척동자도 다 아는 얘기지만 팔순의 노인도 실천하기는 어렵지요."

도림 선사의 대답에 감동한 백낙천은 스님에게 가르침을 청했고 큰 깨우침을 얻었다.

바른 도리는 이처럼 어려운 것이 아닙니다. 바른 도리란 우리 모두가 알고 있는 보편적인 상식들이기 때문입니다. 상식을 지키면 모두가 평안합니다.

서산 대사는 노래합니다.

"가을 풍광 멀리서나 가까이서나 하나같이 기이하니 석양에 휘파람 불며 한가롭게 걷네. 온 산에 붉고 푸른 아름다운 빛깔과 흐르는 물, 새들의 울음소리 그대로 시를 설하고 있네."

진리가 어찌 산에만 있고
법당에만 머무르리

언제 어디서나 진리 속에
그 진리의 기쁨 속에
살고 있는 이는

언제 어디서나 진리를
진리의 그 깊은 뜻을
관찰하고 있는 이는

저 진리로부터
결코 벗어나지 않는다.

— 법구경

별역 『잡아함경』에 '세속에 살아도 법을 얻을 수 있느니라'는 말씀이 나옵니다.

부처님께서 사위성 기원정사에 계실 때 '반사라'라는 천인이 문안드리고 게송으로 여쭈었다.

"세속에 살면 온갖 세상일에 얽매이지만 출가하면 굴레 없어 자유롭나이다. 성자께서는 오로지 세상 일 버리시고 선정에만 힘써 크게 깨달으시고 큰 지혜 드러냈나이다."

부처님께서 게송으로 말씀하셨다.

"비록 세속에 있어 갖가지 세상일에 힘쓰더라도 법을 얻을 수 있는 길은 열려 있나니, 바르게 생각하는 힘을 갖춘 사람이라면 그 마음을 하나로 통일할 수 있나니, 오직 지혜가 밝은 사람이라야 하루속히 열반의 고요함을 증득하리라."

진리가 어찌 산에만 있고 법당에만 머무르리오! 처처에 진리가 두루한데 범부들은 지혜가 어두워 그것을 볼 줄도 들을 줄도 모릅니다. 팔십 노파가 장경(藏經)을 노래하고 세 살 아이가 무(無) 자를 이르는데도 그것을 모르니 천불이 출세해도 어찌 체득하리오.

백낙천은 노래합니다.

"시냇물소리 부처님 설법하는 소리요, 산빛이 그 어찌 청정법신 아니랴. 이 밤에 들려오는 한없이 많은 시구를 다른 날에 그 어찌 다 자랑하랴."

내생의 일을 알고 싶거든
현재의 나를 보라

전생의 일을 알고 싶거든
현재 내가 받는 것을 보라.
내생의 일을 알고 싶거든
현재 내가 짓고 있는 것을 보라.

한 생에서 뿌린 말과
행위의 씨앗들은
그 생에서 끝나는 것이 아니라

다음 생으로
또 다음 생으로 이어지면서
생의 모습을 결정짓는다.

너와 나의 관계는 신의 장난처럼
우연히 이루어진 것이 아니라

전생에서 뿌린 업의 결과이다.

자신이 뿌린 것은
그 누구도 아닌 자기 자신이
고스란히 거두게 된다는 것이
우주의 질서이다.

우리가 보고 듣고
느끼는 모든 것은
잔상으로 남아
다음에 올 일들에 영향을 미친다.

마치 안개 속에서 옷이 젖듯
향기 속에서 냄새가 배듯 훈습이 된다.

— 법구경

『법구비유경』에 '현생에 복도 없고 재수 없는 사람의 전생 이야기'가 나옵니다.

사왓티에 '아난다'라 불리는 아주 인색한 재정관이 살았다. 그는 황금 팔십만 냥을 가지고 있는 부자였으나 아주 빈곤한 사람처럼 살았다. 그는 매달 보름날이 되면 온 가족들을 모아 놓고 이렇게 세 가지 훈계를 하곤 하였다.

첫째, 우리 재산 황금 팔십만 냥을 절대로 많은 재산이라고 생각하지 말 것. 둘째, 무엇이든지 일단 소유한 것은 절대로 남에게 주지 말 것. 셋째, 언제나 재산을 조금이라도 늘릴 궁리를 할 것.

이같은 훈계를 한 뒤 그는 늘 이렇게 덧붙이는 것이었다.

"애들아, 만약에 아무리 작은 동전이라도 한 푼 두 푼 나가기 시작하면 결국 많은 재산도 언젠가는 다 낭비되고 마는 법이다. 그러니 너희들은 그림의 물감이 어떻게 풍화되어 지워지는지, 그리고 개미들이 어떻게 자기 창고에 곡식을 모으며, 벌들이 어떻게 꿀을 모으는지를 관찰해 보아라. 지혜로운 자라면 의당 개미들처럼 가정 살림을 운영해 나가야 할 것이니라."

그런지 얼마 뒤 그는 자기 아들들에게 다섯 군데 창고에 쌓여 있는 자기의 돈과 황금들을 보여주고는 그만 죽어버렸다. 그의 죽음은 욕심의 더러운 때가 쌓이고 쌓인 가운데 맞이한 것으로서 아주 비참하고 치욕적인 것이었다.

이 무렵 사왓티 성문 근처에 있는 짠달라(천민 또는 거지들) 마을에 빈민 수천 명이 모여 살고 있었는데, 부자 아난다는 죽어서 그 천민 중의 한 여인의 태로 들어갔다. 한편 왕은 재정관이 죽은 것을 알고 그의 아들 물라시리를 재정관에 임명했다. 수천 명이나 되는 짠달라들은 대개 구걸이 아니면 노동 품팔이로 살아가고 있었다. 그런데 어찌된 일인지 아난다를 임신한여인이 아기를 가지고부터 짠달라들에게는 일거리가 생기지 않았고, 또 구걸을 나가도 음식을 주는 사람이 없었다.

그래서 그들은 서로 의논했다.

"이것은 필시 우리 사이에 누군가 재수 없는 사람이 있기 때문이다."

그들은 그 재수 없는 사람을 찾아내기로 결정하여, 먼저 두패로 나뉘어 구걸을 나가 보았다. 그러자 한 패는 음식을 얻어온 데 반하여, 다른 한 패는 빈손으로 돌아왔다. 그러자 빈손으로 돌아온 패를 다시 둘로 나누어 구걸을 나갔고, 이런 식으로 분류해 나감으로써 마침내 아난다를 밴 여인이 재수 없는여자로 판명되었다. 짠달라들은 그 여자를 추방했다.

그렇게 추방된 여인은 구걸조차도 잘 할 수 없는 악조건 속에 아기를 낳았다. 그런데 아기는 기형아였다. 손과 발이 이상스럽게 비틀어지고, 눈 코 입 귀 등도 제 위치에 붙어 있지 않았다. 아기는 괴물처럼 보기 흉한 모습이어서 누구도 좋아하기 어려웠다.

그렇긴 했지만 아기의 어머니는 그 아기를 버릴 수는 없었다. 따라서 그녀에게는 두 배의 고통이 따랐다. 자기 혼자도 빌어먹기 힘든 형편에 아기까지 달려 있었기 때문이었다. 그녀가 아기를 업고 구걸을 가면 아무것도 얻을 수가 없었다. 아기는 그 여인보다 더 재수 없는 팔자였나 보다. 그래서 여인은 아기를 놓아두고 걸식을 나갔는데, 그러면 겨우 자기 한 사람 먹을 만큼의 음식을 얻어올 수가 있었다. 그러다가 아기가 일어서서 겨우 걸을 정도가 되었을 때 여인은 더 이상 참지 못하고 아기에게 찌그러진 그릇 하나를 쥐어주면서 이렇게 말했다.

"얘야, 너 때문에 나는 너무나 비참하게 살아왔단다. 이제 나도 너를 먹여 살리기에 진력이 나는구나. 이 도시 사람들은 여행객이나 가난한 사람들에게 음식을 주곤 했다. 그러니 이제는 네가 스스로 구걸을 해서 먹고 살아라."

그래서 어린 아이는 그릇을 손에 들고 집집마다 찾아다니면서 얻어먹으며 살게 되었다. 그러다가 그는 전생에 자기 집이었던 재정관의 저택에 가게 되었다. 마침내 아무도 제지하는 사람이 없었으므로 아이는 세 번째 대문이 있는 곳까지 통과해 들어갈 수 있었다.

그런데 네 번째 대문에 이르렀을 때 그는 전생의 아들인 물라시리에게 들키고 말았다. 물라시리는 그 아이의 흉측한 모습에 당황하여 그만 울음을 터뜨렸다. 그러자 주인의 울음소리에 놀라서 뛰어나온 하인들이 흉측한 어린 아이를 내쫓아 버렸다.

이때 부처님께서 제자인 아난다와 함께 이곳으로 탁발을 나와 계시다가 그 소동을 목격하셨다. 아난다가 사정을 설명 드리자 부처님께서는 물라시리를 불러오라고 하셨고, 곧 물라시리와 많은 구경꾼들이 모여들었다.

부처님께서 물라시리에게 물으셨다.

"재정관이여! 그대는 이 아이를 모르는가?"

"부처님이시여! 모르겠습니다."

"재정관이여! 이 아이는 그대의 아버지였던 재정관 아난다의 후신이니라."

부처님의 이 말씀을 물라시리는 믿으려 하지 않았다. 그러자 부처님께서는 아이에게 말씀하셨다.

"너는 지금부터 다섯 군데에 있는 보물 창고를 네 아들에게 찾아 보여주어라."

그러자 아이는 부처님의 지시대로 다섯 군데의 보물 창고를 찾아 보였다. 그제서야 물라시리는 흉물이 자기 아버지의 후신이라는 것을 믿었고, 부처님과 담마와 상가에 귀의했다. 부처님께서는 물라시리를 비롯하여 거기에 모인 많은 사람들에게 설법을 하시어 그들이 참된 이익을 얻게 해주셨다.

그리고 부처님께서는 다음 게송을 읊으셨다.

"내게 아들이 있고 재산이 있다고 어리석은 자들은 집착하나니, 제 몸도 오히려 자기 것이 아니거늘 어찌 자식과 재산이 자기 것이랴."

사람들은 자신의 전생이 무엇이었는지, 내생에는 뭐가 될 것인지 궁금해 합니다. 그것을 알아내는 것은 식은 죽 먹기보다 쉬운 일입니다. 자신의 현재 모습을 잘 살펴보면 전생에 무엇이었는지, 내생에는 무엇이 될 것인지 답이 나오기 때문입니다. 오늘 좋은 씨앗을 뿌리고 열심히 가꾸면 내일엔 튼실한 수확을 거둘 수 있으니 무엇을 걱정하리오.

학명 선사는 노래합니다.

"전생에는 누가 나였을까? 다음 생에 나는 누구일까? 지금 비로소 진정 나를 알고 나니 '미혹한 나'가 아닌 '참 나'로 돌아왔구려."

지혜로운 사람은
집착하는 마음 안 내

중생이 그 육신을 보호하고
아껴 미혹하여 눈뜨지 못함이
마치 어리석은 사람이
재에 덮인 불씨를 밟는 듯하다.

지혜로운 사람은
그 육신을 멀리하여
물들거나 집착하는
마음을 내지 말아야 한다.

— 대반열반경

처음 스님 된 이들이 배우는 『초발심자경문』에 "삼일 간 닦은 마음은 천년의 보배요, 백년간 탐하여 모은 재산은 하루아침에 먼지가 된다."는 내용이 나옵니다. 그렇습니다. 재물은 신기루와 같은 것입니다. 어찌 재물뿐인가요? 명리도 또한 다르지 않습니다. 그래서 고인은 "권세는 십년을 못가고, 부자도 삼대를 못 넘긴다."고 탄식합니다. 어리석은 사람들은 이처럼 명확한 이치조차 애써 외면한 채 몸뚱이와 재물과 색과 명예에 집착하며 한 세월을 보냅니다.

　집착이란 병은 세상에서 가장 고치기 어려운 무서운 병입니다. 그런데도 사람들은 스스로를 집착으로 옭아매고 있으니 얼마나 안타까운 일인가요?

　얼마 전, 복지관에 할머니 한 분이 오셔서 매우 뜻 깊은 후원금을 기탁하셨습니다. 할머니는 노인 돌봄 기본서비스를 받고 계신 독거노인이십니다. 할머니는 어느 날 문득 이런 생각이 들더랍니다. "남들에게 도움을 받는 것이 너무도 감사하고 고맙구나. 폐지라도 주어서 나보다 더 어려운 사람들을 돕자."

　1년 동안 열심히 폐지를 주웠더니 10만원이 모였답니다. 아파도 병원에 안가고 참으며 억척스럽게 모은 돈이랍니다. 이처럼 열심히 모은 10만원을 후원금으로 쓰라고 복지관에 선뜻 내놓으셨습니다. 할머니가 기부한 10만원은 부자가 기부한 거금보다 더 값진 돈입니다.

아무리 잘 먹어도 하루 세 끼요, 아무리 넓은 집에 살아도 편히 누울 공간은 한 평 남짓입니다. 갈 때는 빈손으로 가는 인생 살이 무엇을 그리도 집착할 것인가요?

경허 선사는 이릅니다.

"시비와 명예 또 금전에 정신없이 미쳐 날뛰네. 소위 영웅이라고 잘난 체 하는 놈도 거기엔 꼼짝없이 왔다 갔다 하네."

재물에 휘둘리지 않아야
진정한 부자

마땅히 먼저 기술을 익혀라
그래야만 재물을 모을 수 있다.

재물을 얻어 풍요하거든
잘 지켜 보호하라.

재물을 쓰되 사치하지 말고
마땅히 줄 수 있는 사람을 가려라.

남을 속이거나 저돌적인 사람은
아무리 애걸해도 빌려주지 말라.

재물을 모으되
벌이 여러 꽃에서 꿀을 모으듯
작은 것을 소홀히 하지 말라.

먹고 사는 살림에 만족함을 눈뜨고
자기 직업에 게으르지 말며

틈틈이 모으고 쌓아
가난하고 어려울 때를 대비하라.

밭 갈고 장사하며
목장 만들어 짐승 먹이고

마땅히 탑을 세우고
절을 짓고 방사를 지어라.
이렇게 부지런히 살아가는 사람은

바다가 강물을 받아들이듯
재물이 줄지 않고 늘어나리라.

— 장아함경 선생경

사람은 누구나 재물이 넉넉하여 여유롭기를 원합니다. 그러나 현실생활에서 원하는 대로 이루어지기란 쉽지 않습니다. 여러 가지 이유가 있겠지만 아마도 재물을 모으고 쓰는 방법에 문제가 있는 것은 아닐런지요? 재물을 넉넉하게 모으고 여유롭게 살려면 재물에 휘둘리지 않고 부릴 수 있는 지혜가 있어야 합니다.

'재물에 휘둘리지 않고 재물을 부린 이'로 300년 동안이나 만석지기로 이어온 경주 교동 최 부잣집을 대표적인 예로 들 수 있을 것입니다. 최 부잣집은 최진립(1568~1636)으로부터 비롯되어 12대 최준(1884~1970)에게로 부가 이어지는 동안 지켜진 여섯 가지 가훈이 있었습니다.

그 내용은 '과거를 보되 진사 이상은 하지 마라. 재산은 만 석 이상 지니지 마라. 사방 백 리 안에 굶어 죽는 사람이 없게 하라. 며느리들은 시집온 뒤 3년 동안 무명옷을 입어라. 흉년에는 땅을 늘리지 마라. 과객을 후하게 대접하라'는 것이었습니다.

최 부잣집 1년 쌀 생산량은 약 3000석이었는데 1000석은 집안에서 쓰고, 1000석은 손님에게 베풀고, 나머지 1000석은 주변 어려운 사람들에게 나누어 주었다고 합니다. 그런 덕분에 최 부잣집은 동학혁명이 일어났을 때도 피해를 입지 않았다고 합니다.

재물에 휘둘리지 않고 법답게 부려 세상을 이롭게 하고 자신도 평안함을 누리는 지혜로운 이들로 가득하여지소서!

진국태 부인이 대혜 스님에게 시를 지어 보냅니다.

"꿈속에 난 새를 타고 푸른 허공에 올랐다가, 비로소 이 몸도 세상도 한 움막임을 알았네. 한바탕 행복한 꿈길에서 깨어나 돌아오니, 산새의 맑은 울음소리 봄비 끝에 들리네."

벗의 인연은
수천 겁 인연의 결과

벗에는 네 종류의 벗이 있다.
꽃과 같은 벗. 저울과 같은 벗
금빛을 발산하는 산과 같은 벗
그리고 대지와 같은 벗이 있다.

꽃은 아름다우나 곧 시들어버려
영원한 가치를 갖지 못하듯이
좋을 때만 찾아드는 친구를
꽃과 같은 벗이라 한다.

저울은 무거울 때만 기울듯이
형편이 좋을 때 모여드는 친구로서
그를 저울과 같은 벗이라 한다.

금빛을 발산하는 금산은

옆에 다가서기만 해도
주위를 환하게 비춰주어 함께 빛나니
그와 같은 벗을 금산과 같은 벗이라 한다.

대지는 만물을 감싸 안아서
양육하고 보호하여 길러주듯이
진정으로 나를 성숙시켜 주는 벗을
대지와 같은 벗이라 한다.

— 법구경

나는 어느 종류의 벗일까요. 혹여 내 이익만을 앞세우며 벗을 사귀지는 않는지요. 벗이 내 마음에 들지 않는다고 경원하지는 않는지요. 벗이 힘들고 외로울 때 용기를 북돋아 주는 진정어린 말 한마디라도 건네 보았는지요. 벗을 속이고 업신여기지는 않았는지요. 벗과 서로 옳고 그름만을 따지지는 않았는지요.

『인연경』에 이르길, "벗을 만남은 6천겁의 인연이다."라고 하였습니다. 우주가 6000번의 생멸을 거듭하는 긴 시간의 인연으로 맺어진 것이 벗입니다.

『육방예경』에 이릅니다.

"좋은 벗이란 어떤 벗인가? 큰 도움이 될 수 있는 벗, 즐거우나 괴로우나 늘 변하지 않는 벗, 좋은 말을 해주는 벗, 동정어린 벗이다."

벗이란 그처럼 지중한 사이기에 잠깐의 오해로 혹은 조그마한 실수로 멀리 하기에는 너무나도 소중한 존재입니다. 사바세계 험난한 인생길에 서로에게 힘이 되어 주고 용기를 주는 멋진 벗이 되소서!

미물중생도 나름대로
존재 이유가 있다

모든 중생 일체의
생물은 안락하라.

어머니가 하나뿐인 외아들을
생명을 걸고 보호하듯

일체의 생물에 대해서도
한량없는 자비의 마음을 일으켜라.

— 자비경

세상의 모든 생명체는 나름대로의 존재 이유가 있습니다. 그런데 사람들은 인간 중심의 사고방식으로 인간 이외의 생명체를 경시합니다. 그리하여 지구상에 존재하던 수많은 생명체들이 인간들의 무분별한 남획으로 사라졌으며 또 사라져갈 위기에 처했습니다.

세상은 서로가 서로에게 영향을 주고받는 상의상관(相依相關)의 관계입니다. 자연계의 균형이 깨지면 그로 인하여 발생하는 부작용은 결국엔 인간들의 삶에 심각한 타격을 주게 됨을 유념할 일입니다.

『수능엄경』은 말합니다.

"모든 세계의 온갖 것 중에, 조그마한 풀잎새나 가느다란 실오라기도 그 근원을 따져 보면 모두 본체의 성질이 있고, 허공일지라도 이름과 모습이 있거늘 어찌 함부로 대할 것인가."

헛된 집착에서
근심과 두려움이 생긴다

집착에서 근심이 생기고
집착에서 두려움이 생긴다.
집착에서 벗어난 이는 근심이 없는데
어찌 두려움이 있겠는가.

— 법구경

『장아함경』에 '버려야 할 것은 버릴 줄 알라'는 말씀이 나옵니다.

　부처님께서 파파성의 암바라 동산에 계실 때 사리불에게 법을 설하게 하셨다.

　"수행자에게 네 가지 법이 있다. 받아야 할 것을 받을 줄 알고, 행해야 할 것을 행할 줄 알며, 좋아해야 할 것을 좋아할 줄 알며, 버려야 할 것을 버릴 줄 아는 것이다. 이것이 네 가지 알아야 할 것이니라. 다시 네 가지 위의(威儀)가 있다. 가야 할 때 갈 줄 알고, 서야 할 때 설 줄 알며, 앉아야 할 때 앉을 줄 알며, 누워야 할 때 누울 줄 아는 것이니라."

　세상에서 제일 무서운 병은 '집착'이라는 병입니다. 한번 집착병에 걸리면 고매한 인격자라 할지라도 벗어나기 어려운 병이기 때문입니다. 정치가는 명예라는 집착, 사업가는 이익이라는 집착, 남녀는 사랑이라는 집착, 건강 취미 운동 등 온갖 것에 집착하며 허덕이는 것이 중생들의 실상입니다. 그리고 그것이 병인 줄도 모르고 빠져 있으니 얼마나 무서운 병인가요?

　『금강경』에 '응무소주 이생기심(應無所住 而生其心, 응당 머무는 바없이 마음을 내라)'이라는 대목이 나옵니다. 어떤 무엇에도 집착하지 않는 마음으로 자유롭게 살라는 뜻입니다. 무엇에 얽매이지 않고 그것을 즐길 줄 아는 이의 인생은 항상 유쾌합니다. 오늘도 멋진 날 되소서!

임제 선사는 노래합니다.

"옳으니 그르니 상관 말고, 산이건 물이건 그대로 두라. 하필이면 서쪽에만 극락세계랴, 흰 구름 걷히면 청산인 것을."

물질에만
너무 탐닉하지 말라

어리석게 살지 말라.
남의 흉내를 내면서 살지 말라.
잘못된 생각에 끌려가지 말라.
그리고 물질에만 너무 탐닉하지도 말라.

— 법구경

요즘 소확행(小確幸)이란 단어가 인구에 회자되고 있습니다. 그 단어의 뜻은 '작지만 확실한 행복'을 말합니다. 그렇습니다. 행복은 거창한데 있는 것이 아닙니다. 행복은 물질의 많고 적음에 있는 것도 아닙니다. 행복은 가슴으로 느끼고 즐기는 속에 있습니다.

행복은 책 속에도 있고, 길가에 핀 야생화 속에도 있으며, 텃밭을 가꾸는 속에도 있고, 한잔의 커피향 속에도 있습니다. 조용히 사색하는 속에도 있고, 시끄러운 시장통 속에도 있습니다.

세상은 온통 행복거리들로 넘쳐납니다. 그 행복거리들을 느끼고 즐길 줄 아는 당신은 진정 행복한 사람입니다. 맘껏 행복을 즐기는 멋진 날 되소서!

시바타 도요 할머니는 노래합니다.

"바람이 유리문을 두드려 안으로 들어오게 해주었지. 그랬더니 햇살까지 들어와 셋이서 수다를 떠네. '할머니 혼자서 외롭지 않아?' 바람과 햇살이 묻기에, '인간은 어차피 다 혼자야.' 나는 대답했네."

누구도 늙음과
죽음 피할 수 없어

보라! 아름답게 꾸며진 영상
상처투성이로 세워진 몸
고통스럽고 망상으로 찬 것
영원하지도 않고 견고하지도 않다.

이 영상은 마침내 노쇠하고
질병의 소굴로 쉽게 부서진다.
이 부패한 축적물은 파괴된다.
삶은 죽음으로 끝나기 때문이라.

참으로 가을에 버려진
이 호리병박들처럼
회백색의 해골들이 있다.
그것을 보고 어찌 기뻐하겠는가?

― 법구경

사람은 누구나 늙지 않고 영원히 살고 싶어 합니다. 하지만 그 누구도 늙음과 죽음을 피할 수 없으니 어찌하리오?

　『수타니파타 늙음경』은 이릅니다.

　"인생은 짧고 모두가 백 살을 넘기지 못하고 죽는다. 아무리 오래 살려고 해도 결국 늙고 죽음이 온다. 집착 때문에 사람들은 슬퍼하지만 어떤 것도 영원한 것이 없고 곧 헤어지게 된다. 이 사실을 잘 알아 너무 오래 세속 생활을 하지 말아라. 내 것이라고 생각하는 것도 죽으면 사라진다. 현자는 이 사실을 알아 아무 것도 집착하지 않는다. 꿈속에서 만난 사람은 깨어나면 사라지듯 사랑하는 사람이 죽으면 이와 같다. 살아생전에 보고 듣고 이름도 불러보지만 죽으면 이름만 남을 뿐이다. 탐욕스런 자는 슬픔과 회한과 인색함을 버리지 못하고 현자는 소유를 버리고 평온 속에 노닌다. 집착이 없는 비구는 홀로 머물며 거처에서 자신의 모습을 드러내지 않는다.

　현자는 어디에도 머무르지 않고 사랑하거나 미워하지 않으며 슬픔과 이기심도 머물지 않는다. 마치 연잎에 물방울이 머물지 못하듯이. 연잎에 물방울에 젖지 않듯 현자는 보고 듣고 인식한 것에 미혹되지 않는다. 현자는 인식에 현혹되지도 않고 청정을 원치 않으며 탐착하지도 않고 탐착에서 벗어나려고도 하지 않는다."

　꿈속에서 처자권속을 거느리고 명예를 드높이고 천금을 벌었다 할지라도 깨고 나면 한바탕 꿈일 뿐입니다. 우리네 인생살이는 한바탕 꿈놀이와 다르지 않습니다. 집착의 사슬에 얽매이지 않고 죽음의 구속조차 초월하는 이의 삶은 언제 어디서나 여여합니다.

석전한응 스님은 노래합니다.

"늙음을 허무하다 하는 것은 죽음도 삶도 깊이 모르는 입에서 나오는 법, 한지에 먹물이 번지듯이 죽음은 삶에 스며드는 것. 밝게 스며드는 죽음을 알게 되면 늙는 것도 더 이상 두려운 게 아니네. 죽음을 알고 나면 지혜롭게 사는 일만 오롯이 남아서 오히려 조용하고 태평스러운 시간을 보낼 수 있음이라."

오늘은 한번 뿐
다시 돌아오지 않으리

젊었을 때는 인생이 무척
긴 것으로 생각하나
늙은 뒤에는 살아온 젊은 날이
얼마나 짧았던가를 깨닫는다.

젊음은 두 번 다시 오지 아니하며
세월은 그대를 기다려 주지 않는다.

빈손으로 왔다가 빈손으로 가는 인생
자고이래로 모은 재물을 지니고
저승까지 간 사람은 한 사람도 없다.

삼계에 윤회하는 고통 바다에
보잘 것 없는 이 몸뚱이
다만 먹고 입는 세상에
항상 분주하여 구원을 찾지 않네.

그대여!
일체 세간사 모든 애착을 내려놓으라.
세상일 즐거워 한가롭더니
고운 얼굴 남몰래 주름 잡혔네.

서산에 해 지기를 기다리느냐?
인생이 꿈같음을 깨달았느냐?
하룻밤 꿈 하나로
어찌 하늘에 이르리요.

몸이 있다 하지만 그것은
오래지 않아 허물어지고
정신이 떠나 모두 흙으로 돌아가리니
잠깐 머무는 것 무엇을 탐하랴.

오늘은 한 번 뿐이요
다시는 돌아오지 않으리.
우리 인생도 마찬가지가 아닌가?
이 몸이 늙고 병들어 떠나기 전에
오늘을 보람 있게 살자.

— 법구경

우리네에게 주어진 삶의 시간은 차별 없이 누구에게나 똑같습니다. 그런데 마음에 번뇌가 가득한 이는 하루가 백년 같지만, 마음에 즐거움으로 충만한 이는 백년이 하루 같습니다.

　한 마음을 깨우치면 백년살이가 하루 같으니 이 얼마나 멋진 일인가요. 행복한 고향길 되소서!

　경봉 스님은 노래합니다.

　"서로서로 만날 때 향기를 얻고, 온화한 바람 속에 봄볕도 따사롭네. 인생의 괴로움과 즐거움은 마음에서 일어나는 것이니, 활달한 눈으로 세상을 보면 만사가 모두 편안하리라."

하늘에 가득한 허물도
'뉘우칠 회(悔)'자 하나를 못 당한다

과거에 게을렀어도
이제는 게으르지 않는 사람

그는 마치 구름 사이를 뚫고 나온
달처럼 세상을 비출 것이다.

일찍이 자신이 지은 악업을
선업으로 덮은 사람

그는 마치 구름 사이를 뚫고 나온
달처럼 세상을 비출 것이다.

— 법구경

불가에선 보통 사람들을 일러 중생(衆生)이라 부릅니다. 중생이란 자연계를 의지하여 살아가면서 그 삶의 참 의미를 알지 못하고 업력에 따라 생활하는 존재를 일컫는 말입니다. 중생들은 개인의 자유의지에 의해 살아가는 것이 아니라, 어쩔 수 없이 끌려 다니면서 생존하는 연유로 게으름을 피우기도 하고 잘못을 저지르기도 합니다.

하지만 다행스럽게도 인간은 이성적인 존재이기에 본래의 청정한 면목[佛性]을 깨달아 부처를 이룰 수 있습니다. 그런데 아쉽게도 대개의 사람들은 자신을 바로 보고자 하는 향상심보다는 그저 그냥 세월을 보내려는 경향이 강합니다. 그러다 보니 살아가면서 짓게 되는 갖가지 잘못을 고치려 하기보다는 감추기에 급급하고 급기야는 더 큰 잘못을 저지르게 됩니다. 어떤 이는 아예 자신의 잘못을 인식조차 못합니다.

『채근담』에 이르길, "세상을 뒤엎는 공로도 '뽐낼 긍(矜)'자 하나를 못 당하고, 하늘에 가득한 허물도 '뉘우칠 회(悔)'자 하나를 못 당한다."고 하였습니다. 바른 길로 들어서길 주저치 않는 깨어 있는 이들로 가득한 세상이 되길 바래봅니다.

『소학(小學)』에 이릅니다.

"잘못을 저지르고도 후회할 줄 모르는 자는 하등의 사람이요, 후회하면서도 고칠 줄 모르는 자 역시 하등의 사람이다."

청정한 불자의

삶

좋은 일을 통해
기쁨을 느끼라

사람이 만일
좋은 일을 했다면
거듭거듭 그것을
되풀이하게 하라.

그 좋은 일 속에서
기쁨을 느끼게 하라.

그 기쁨은
바로 그대 자신의
그 착한 행위의 보답이다.

— 법구경

세상엔 착한 일을 하는 이들이 참 많습니다. 어떤 이는 어려운 이웃을 위하여 봉사활동을 하고, 어떤 이는 나눔을 실천합니다. 또, 어떤 이는 보는 사람 없어도 길거리에 떨어진 휴지를 줍습니다. 착한 일은 하면 할수록 빠져들게 하는 마력이 있습니다.

그런데 어떤 이는 착한 일을 하고 싶어도 방법을 몰라서, 또는 쑥스러워서 망설이기도 합니다. 그래서 고인은 '사바세계 중생이 선한 마음을 내어 착한 일을 하는 것은 참으로 용기 있는 일'이라고 칭찬합니다. 착한 일은 하면 할수록 복력이 쌓이고, 쌓인 복력은 미래세로 이어지고 때가 되면 발현됩니다. 착한 일은 나를 기쁘게 하고 다시 복으로 돌아오니 어찌 행하지 않으리오!

편양언기 선사는 노래합니다.

"금빛 나는 가을하늘 달이여! 온 누리를 환히 비추는구나. 우리 마음도 물처럼 맑으면 어디서나 맑은 빛 드리우리."

사람은 입안에
도끼를 갖고 태어난다

사람은 입안에
도끼를 갖고 태어난다.
이 도끼로 남을 해치고
스스로를 해친다.

— 법구경

사람들은 자신의 뜻을 표현하기 위해서 몸짓을 하거나 말을 합니다. 그런데 말이란 묘해서 듣는 사람에 따라서 갖가지 해석을 하게 합니다. 그러다 보니 세상엔 말로 인한 구설수가 난무합니다. 『아함경』에 '말에 노하지 않는 법'이 나옵니다.

부처님께서 길을 가는데 동네 건달이 욕을 했다. 부처님께서는 미소만 지을 뿐 노하는 기색이 없었다. 제자들이 물었다.
"스승님, 그런 욕을 듣고도 웃음이 나오십니까?"
"이보게! 자네가 내게 금 덩어리를 준다고 하세. 그것을 내가 받으면 내 것이 되지만 안 받으면 누구 것이 되나?"
"원래 임자의 것이 되겠지요."
"바로 그걸세. 상대방이 내게 욕을 했으나 내가 받지 않았으니 그 욕은 원래 말한 자에게 돌아간 것일세. 그러니 웃음이 나올 수밖에."

살다보면 상대의 말에 기분이 상할 때가 있습니다. 하지만 상대하지 않고 가볍게 웃으며 넘기면 마음이 한결 평안합니다.
부용영관 선사는 노래합니다.
"몸이 끊임없이 공부하느라 어느새 검은 머리 백발 되었네. 유마도 문수에게 묵언으로 대했고 석가도 한평생 말 안했다 하셨으니, 우두커니 앉아 분별을 끊고 바보처럼 살면서 시비 않으리. 모든 생각 산 밖에 날려 버리고 언제나 청산 속에 일 없이 지내리라."

팔천 겁의 인연이 있어야
부부의 연 맺어져

수레바퀴가 소의 발자국을 따르듯이
생각 없이 가시 돋친 말을 상대에게 던지면
그 말이 그에게 닿기 전에
내 마음에 먼저 가시가 박힌다.

— 법구경

지난 휴일에 어느 젊은 부부가 소승을 찾아왔습니다. 소승은 그들에게 '살아서는 같이 늙고, 죽어서는 한 무덤에 묻힌다'는 사자성어인 백년해로(百年偕老)의 의미를 들려주었습니다. 남남이 만나서 부부로 맺어지는 것은 어떤 인연일까요?

　『인연경』에 이릅니다.

　"오백 겁의 인연이 있어야 옷깃을 한번 스치고, 일천 겁의 인연이 있어야 같은 나라에 태어나고, 삼천 겁의 인연으로 하룻밤을 함께 묵게 된다. 오천 겁의 인연으로 한 동네에 살게 되며, 칠천 겁의 인연으로 한 집에 태어나고, 팔천 겁의 인연이 되어야 부부의 연이 맺어진다."

　일겁은 광대한 우주가 한번 만들어졌다 없어지는 시간 단위를 말합니다. 부부로 맺어진 인연은 광대한 우주가 팔천번의 소멸과 생성을 반복하는 정도로 긴 시간동안 지어진 것입니다. 그처럼 소중한 인연으로 맺어진 부부이기에 둘은 그 누구보다도 진정 행복해야 합니다. 그런데 안타깝게도 어떤 이들은 부부사이가 오히려 타인보다도 못한 경우가 있습니다. 그렇다면 어떻게 해야 부부가 행복하게 백년해로를 할 수 있을까요?

　『아함경』에 '부부사이가 행복해지는 방법'이 나옵니다.

　"남편은 자기 아내에게 바른 마음으로 공경해야 하며, 말을 함부로 하지 않으며, 의식에 부족함이 없도록 힘써야 할 것이며, 가사를 맡겨야 한다. 부인은 남편보다 일찍 일어나고 뒤에 누우며,

말을 평안하게 하고, 남편의 뜻을 잘 받들며, 가족들이 화평할 수 있도록 노력을 하여야 한다.”

그렇습니다. 부부는 세상에서 가장 가까운 사이이기에 그 누구보다도 서로를 위하고 존중해 주어야 합니다. 그러할 때 진정 부부로서의 가치가 발현될 수 있는 것입니다. 서로를 위하고 존중한다면 어찌 작은 오해나 미움이 끼어들 수 있을 것인가요.

경봉 스님은 노래합니다.

“대문 밖에 나서면 거기는 돌도 많고 물도 많으니 돌멩이에 채여서 넘어지지 말고 물에 미끄러져 옷도 버리지 말고 잘 돌아가거라.”

세상 사람들 중에
근심걱정 없는 이 없다

욕망으로 움직이는 사람들은
잡혀온 들 토끼처럼 뱅뱅 돈다.
속박과 집착에 얽매어
오랫동안 고통을 받는다.

— 법구경

세상 사람들 중에 근심걱정 없는 이가 없습니다. 좋은 일은 좋은 대로 나쁜 일은 나쁜 대로 근심과 걱정이 따르는데 근심과 걱정의 주체를 따져 들어가 보면 재물에 얽힌 것이 대부분입니다.

부처님께서 『아함경』에 이릅니다.

"세상 사람들은 귀천 빈부 노소의 남녀들이 한결같이 근심하고 걱정하는 것은 재물이어서 누구나 이것에 생각을 거듭함으로써 마음에 부림당해 잠시도 편히 쉴 때가 없다. 밭이 있기에 밭 걱정, 집이 있기에 집 걱정, 우마 따위의 육축과 노비 재물 의식 세간 가구도 걱정거리 아님이 없는 것이다. 또 없으면 없는 것에 대한 걱정으로 한숨을 내쉰다. 이제 너희들에게 이르노니 세상 일 중 좋은 것을 택해 부지런히 이를 실천하도록 하라. 애욕이나 영화는 영구히 지속되는 것이 아니어서 언젠가는 떠나게 되어 있다. 이 세상에는 정말로 즐길 만한 것이란 없나니, 마땅히 마음을 닦는 데 정진하여 평안함을 얻을지니라."

우리네 일상을 돌이켜보면 걱정과 근심의 연속입니다. 인생을 평안히 살기 위해선 욕망의 수준을 높이기보다는 욕망의 수준을 낮추도록 애써야 합니다. 오늘도 여여한 날 되소서!

방거사는 노래합니다.

"세상 사람들은 재물을 중하게 여기지만, 나는 순간의 고요함을 귀하게 여긴다. 재물은 사람의 마음을 어지럽히고, 고요함은 진여의 성품을 나타낸다."

욕심이란 묘해서
자만하면 크게 자라

욕심을 품으면
성스럽지 않아
중심을 제어하지 못해

한편으로 헐뜯고
한편으로 칭찬하며
단지 이익과 이름을 위할 뿐이다.

— 법구경

사람들은 욕심을 제어하기 어렵다고 하소연합니다. 지혜로운 이라 할지라도 때로는 욕심에 눈이 가릴 때가 있으니 참으로 두려운 것이 욕심입니다.

『중아함 팔염경』에 '욕심을 적게 가지는 법'이 나옵니다. "욕심을 적게 가졌다고 해서 나는 욕심을 적게 가졌다고 말하지 말라. 만족함을 알았다고 해서 나는 만족할 줄 안다고 말하지 말라. 멀리 떠나는 것을 즐거워한다고 해서 나는 멀리 떠나는 것을 즐거워한다고 말하지 말라. 궤변을 좋아하지 않는다고 해서 나는 궤변을 좋아하지 않는다고 말하지 말라. 이것이 욕심을 적게 가지는 법이다."

욕심이란 묘해서 자만하면 어느 순간 자라나 온 몸을 덮으니 참으로 조심할 놈이 욕심입니다. 오늘도 욕심을 자제하고 평안함을 누리는 여여한 날 되소서!

원감충지 선사는 노래합니다.

"부귀할 땐 다섯 솥의 밥도 오히려 가벼이 여기지만, 빈궁할 땐 도시락밥 하나에도 스스로 만족한다. 모든 것이 생사(生死)의 한 평생 일이거늘 이 무엇이 잃은 것이고, 저 무엇이 얻은 것인가."

인욕은 고해에서 열반으로
건네주는 나룻배

참는 미덕에는 지계
고행도 미치지 못한다.
능히 참음을 행하는 자는
이름하여 대인이라 하느니라.

— 유교경

부처님 제자 가운데 부루나 존자가 있습니다. 그는 부처님의 가르침을 쉽게 깨달아 법을 설하는데 걸림이 없었습니다. 그래서 그를 설법제일 부루나 존자라고 부릅니다.

『아함경』에 '부루나 존자의 인욕' 이야기가 나옵니다.

부루나 존자가 어느 날 서방의 수로나국으로 법을 전하러 가겠다고 부처님께 허락을 청하였다.

"부루나야! 서방 수로나국 사람들은 성질이 사납고 거칠다. 만약 그 사람들이 업신여기고 욕하면 어쩌겠느냐?"

"남이 나를 비방한다면 그가 몽둥이를 들지 않음에 감사할 것이고, 그가 몽둥이를 들고 덤빈다면 칼을 들고 찌르지 않는 데에 감사할 것입니다. 그가 나를 찌른다면 죽이지 않는 데에, 그가 나를 죽인다면 옷을 벗게 해준 데에 감사하겠습니다."

"착하도다, 부루나야! 너는 인욕을 성취하였으니 수로나국의 난폭한 사람들 속에서도 머물 수가 있으리라. 너는 수로나국으로 가서 제도 받지 못한 자를 제도하고, 근심과 걱정으로 불안을 느끼는 사람들을 평안케 하며, 열반을 얻지 못한 사람을 열반케 하라."

부루나 존자는 수로나국에 가서 500명의 재가신자를 얻고 500개의 승가람을 세웠다. 그리고 부루나 존자는 끝내 수로나국에서 열반에 들었다.

인욕을 범어로 'kshanti(크샨티)'라고 합니다. 'kshanti'란 단어는 어떤 모욕과 괴롭힘을 받더라도 참고 견디고 결코 화를 내거나 원망하지 않는 것을 뜻합니다. 여기엔 '참다'라는 뜻뿐만이 아니라 '이해하다'는 뜻도 포함되어 있습니다. 이해가 안 되면 어찌 참을 수 있겠습니까? 부루나 존자는 인욕은 그저 참고 인내하는 것이 아니라 '알아차림을 바탕으로 참는다'는 '인욕'의 가치를 몸으로 보여 주었던 것입니다. 인욕행이 없는 수행은 그저 구두선일 뿐입니다. 인욕이야말로 고해에서 열반으로 건네주는 나룻배이며, 나를 보호해주는 갑옷이라 할 것입니다.

『법화경』에 이르길, '인욕은 원한을 이기며, 지성(至誠)은 속임수를 이긴다' 하였으니 깊이 유념하고 오늘도 인욕을 실천하는 하루 되소서!

습득 대사는 노래합니다.

"이 못난 늙은 것은 다 떨어진 옷을 입고 그저 밥만으로도 배가 부르네. 떨어진 것도 기우면 추위를 막기에 그만이며, 모든 일에 연(緣)을 따를 뿐이라네. 어떤 이가 늙은 것을 욕하면 늙은 것은 그냥 그렇다 하고, 어떤 이가 늙은 것을 때리면 늙은 것은 스스로 쓰러져 버리네. 내 얼굴에 침 뱉어도 절로 마르도록 내버려두니, 나도 기력을 아끼고 그도 번뇌가 없네. 이와 같은 바라밀은 바로 오묘함 속의 보배이며, 이 소식을 안다면 어찌 도를 마치지 못할까 근심할 것이 있으랴."

재물을 정당하게 벌고
제대로 쓸 줄 알라

천 명이나 백 명 중에
한 사람이 아니라
모든 족성의 남자와 여자들이
아무리 재물을 쌓고 모아도
쇠하거나 잃지 않는 이 없네.

— 법구경

재물은 세상을 살아가는 데 있어서 필요불가분의 요소입니다. 그래서 부처님께서는 재물 모으는 것을 무조건 나쁘다고 하지 않으셨습니다.

『아함경』에 재물 모으는 방법이 나옵니다.

"재가자가 재물을 모으려면 먼저 기술을 익혀야 하고, 한 번 일을 시작하면 끝까지 마무리를 하며, 이익을 따져봐서 해야 할 일과 하지 말아야 할 일을 잘 헤아리고, 재물에 너무 욕심을 부린다거나 잘못된 방법으로 재물을 모으게 되면 재앙이 들이닥치니 자족하여야 한다."

또한 재물을 쓰는 방법에 대해서도 말씀하십니다.

"벌어들인 돈을 4등분하여 하나는 생활비로, 하나는 사업자금으로, 하나는 불쌍한 사람들을 도와 복을 닦고, 나머지 하나는 일가친척과 나그네에게 베풀라."

재물을 정당하게 벌고 제대로 쓸 줄 아는 이를 부처님께서 칭찬합니다. 재물에 끌려 다니는 초라한 인생이 아니라, 재물을 능력껏 벌고 당당하게 쓰는 멋진 인생이 되소서!

원감충지 선사는 노래합니다.

"향기로운 채소 한 사발에 아침 식사 너끈하고, 일곱 근 먹장삼에 봄잠이 아주 달다. 묻노라. 암자에서 그 누구와 함께 있나, 감실 안에 만수동자 나와 함께 지낸다네."

역병을 치유할 제일의 양약은
자애와 연민

항상 중생들을 편안하게 하여
어떠한 고통도 주지 않으면
현세에서도 해침을 받지 않고
후세에도 영원히 안온하리라.

— 법구경

코로나 바이러스 창궐로 사람들은 두려움에 떱니다. 그래서 치료제를 개발하고자 심혈을 기울입니다. 하지만 쉽지 않은 것이 현실입니다.

부처님께서 『증일아함경』 「역품」에 이르길, '역병을 치유하는 제일의 양약은 자애와 연민'이라고 하셨습니다.

비사리성에 큰 가뭄이 들어 기근과 함께 역병이 창궐했습니다. 사람들은 귀신과 나찰이 마을에 가득하다고 생각했습니다. 얼굴과 눈이 누렇게 떴고 어떤 이들은 3~4일만에 죽어 나갔습니다. 하루에만 100명이 넘는 사람이 죽었고, 장례를 치르지 못해 버려진 시신들로 성안이 가득 차 마을은 피폐해졌습니다.

이 소문을 들은 부처님께서는 발우를 챙기고 500여 비구와 함께 아무런 망설임도 없이 길을 나섰습니다. 비사리에 도착하신 부처님께서는 두려움과 공포, 불안에 떠는 사람들의 마음을 다독이셨습니다.

사람들 마음속에 자라나던 혐오와 불신을 걷어내고 자애와 연민의 마음을 심었습니다. 그리고 시신을 치우고, 발우에 물을 떠 오염된 마을을 깨끗이 했습니다. 그렇게 일곱 날이 흐르고, 마침내 역병이 물러갔습니다.

사람들은 코로나 바이러스로 인하여 혐오와 불신으로 가득합니다. 비록 바이러스를 잠재운다 할지라도 혐오와 불신으로 가득한 마음은 오랫동안 사람들을 괴롭힐 것입니다.

이 어려움을 이겨낼 제일의 양약은 '서로를 보듬어주는 자애와 연민'입니다. 세계는 하나의 꽃[世界一花]입니다. 서로가 서로를 진정으로 품어줄 때, 세계는 아름다운 꽃으로 만개할 것입니다. 온 누리에 꽃향기로 가득한 세상이 되소서!

무의자 혜심 선사는 노래합니다.

"비 갠 뒤 봄 산은 만 가지 모습인데, 푸른 숲 흰 구름 한가해 사랑스러워. 흰 구름 흩어진 곳 두물마다 모습 드러나, 멀리 산 바라보니 산 너머 산이로다."

지은 업은
결코 없어지지 아니하네

설사 백천겁을 지나갈지라도
지은 업은 없어지지 아니하네.
인연이 모여 다시 만나게 되면
그 과보를 돌려받게 되느니라.

― 법구경

세상엔 사람이되 사람이기를 포기한 이들이 있습니다. 그들은 자식이 부모를 죽이고 부모가 자식을 죽이며, 힘없는 처자들을 성노리개로 삼으면서도 조금의 부끄러움이 없습니다. 요즘 '텔레그램 n번방'의 천인공노할 만행이 언론을 통하여 세상에 알려져 만인의 공분을 사고 있습니다. 어찌 사람으로서 그런 일을 저지를 수 있었을까요? 사람들은 그런 이들을 일컬어 '인두겁을 쓴 악마'라고 부릅니다.

　『현우경』에 이르길, '선악의 과보는 그림자가 형상을 쫓는 것과 같아서, 과거 현재 미래 삼세의 인과는 순환하여 어기지 않는다. 이생을 속절없이 지내면 뒤에 뉘우칠지라도 미치지 못한다'고 하였습니다. 한 생각 돌이키면 악인도 선인이 될 수 있습니다. 부디 악한 마음을 버리고 선심을 발현하여 참다운 사람으로 살도록 하소서!

　『명심보감』에 이릅니다.

　"남을 해롭게 해서 자기를 이롭게 한다면 마침내 현달(顯達)한 자손이 없고, 뭇 사람을 해롭게 해서 성가(成家)를 한다면 어찌 그 부귀가 길게 가겠는가!"

미래에 해야 할 일을
준비하라

미래에 해야 할 일을 준비하라.
미리 준비하는 사람은
할 일을 해야 할 때에
당황하지 않는다.

— 본생경

미래를 준비하지 않는 이는 후일에 어려움이 닥치면 혼란스러워하고 괴로워합니다. 지혜로운 이는 힘써 미래를 준비하기에 후일에 아무리 어려운 일이 닥쳐도 능히 헤쳐 나갑니다. 미래를 준비한다는 것은 오늘에 충실함을 이르는 것입니다. 오늘은 과거와 미래를 이어주는 중심점이기 때문입니다. 오늘에 충실한 이만이 미래의 성공을 기약할 수 있음을 유념하소서!

선자 화상은 노래합니다.

"천척 깊은 물 속 낚싯줄을 드리우니, 한 파도 만파를 일으키네. 밤은 깊고 물은 찬데 고기는 알지 못하고, 빈 배에 달빛만 가득 싣고 돌아오노라."

행복은 아무리 나누어도
줄지 않는다

인색한 마음을 버리고
조건 없는 깨끗한
베풂을 실천하라.

이 세상에서나
저 세상에서나
기쁨은 항상
거기에 있느니라.

— 법구경

어떤 이들은 '나 혼자만 행복하면 된다'고 말합니다. 그들은 돈과 명예를 얻기 위해서 타인의 눈과 사회의 질서를 의식하지 않고 행동합니다. 그렇다면 과연 그처럼 원하는 것들을 얻었다 해서 행복할 수 있을까요?

세상살이는 묘해서 혼자서는 행복할 수 없습니다. 행복이란 함께 나눌 때 오는 것이기 때문입니다.

『대반열반경』에 '행복은 나누는 것'이라고 말합니다.

"행복은 비유컨대 하나의 촛불과 같으니, 수천 명이 각기 초를 들고 와서 불을 나누어 켜주어 밥을 짓고 어둠을 밝혀도 처음의 촛불은 다름없으니 행복 또한 이와 같다."

행복은 아무리 나누어도 줄지 않습니다. 오히려 나눌수록 늘어나는 것이 행복입니다. 진정으로 행복하길 원한다면 열심히 행복을 나눠 주십시오!

포대 화상은 노래합니다.

"발우 하나로 천가의 밥을 빌면서 외로운 몸 만 리를 떠도네. 눈 푸른 이 알아주는 사람 없으니 흰 구름에게 갈 길을 물어 볼까나."

좋은 말은
향기가 되어 돌아온다

아름다운 말은
마음을 감동시켜
듣는 이로 하여금
목욕을 한 듯
상쾌하게 한다네.

— 법구경

잘못 뱉은 말은 끝내는 자기를 치는 흉기로 되돌아옵니다. 지혜로운 이는 그러한 이치를 알기에 입을 조심하여 좋은 말을 하는 데 인색하지 않습니다.

『잡아함경』에 '좋은 말의 조건'이 나옵니다. "좋은 말은 다음의 조건을 갖추어야 한다. 첫째 객관적 사실에 근거한 말, 둘째 판단이나 이유가 타당한 말, 셋째 목적에 적합하고 듣기에 적합한 말, 넷째 올바르고 진실한 말이 그것이다."

좋은 말은 향기가 되어 되돌아오니 어찌 좋은 말 하는 것에 인색할 것인가요? 온 세상이 온통 좋은 말로 가득하여지소서!

백거이는 노래합니다.

"계곡의 물소리 진리의 속삭임, 그윽한 산빛 청정법신 그대로, 언제나 쏟아지는 팔만사천 노래들, 날 받고 사람 골라 드러낼 일 잊으랴."

진정한 친구는 바라는 마음
계산된 마음이 없다

좋은 벗이란
상대방의 잘못을 보면
일깨워 주고

좋은 일을 보면
마음속 깊이 기뻐하며

괴로움에 처했을 때
서로 버리지 않음이다.

― 인과경

세상을 살아가면서 친구처럼 소중한 존재도 없습니다.

『아함경』에 '친구란 무엇인가?'에 대한 말씀이 나옵니다.

"그는 나에게 이로우며 도움이 된다. 나를 힘써 보호하고 즐거움과 괴로움을 함께 나누고 나에게 잘 충고하고 좋고 나쁜 일을 애써 도와주는 자이다. 힘써 나를 살펴주는 벗이라 함은, 친구가 술에 방탕하지 않도록 살펴주고 친구가 술로 인해 방일할 때에 그 재산을 잘 지켜주고, 친구가 어떤 불안하고 무서운 일에 처했을 때 그것을 잘 위안시켜 안심하게 해주고, 친구가 하는 사업에 힘을 다하여 물심양면으로 도와주는 자이다. 괴로움과 즐거움을 함께 한다 함은 자기의 비밀은 친구에게 알려주고 친구의 비밀은 남에게 발설하지 않으며 친구가 궁핍할 때에는 도와주고 버리지 않으며 친구의 행복한 삶을 위하여 최선을 다하는 것이다.

친구에게 잘 충고한다 함은 친구가 죄악을 범하지 않도록 설득하고 친구에게 착한 일을 행하도록 조언하며 항상 유익한 이야기를 들려주어 올바른 삶의 길로 인도하는 것이다. 친구를 애써 도와준다 함은 친구의 불행과 쇠망함을 내 일과 같이 마음 아파하고 친구의 행복과 번영함을 내일처럼 기뻐하며 친구를 비방하거나 모욕하는 사람이 없도록 힘쓰고 친구를 칭찬하는 자를 찬양하는 것이다."

진정한 친구는 '바라는 마음, 계산된 마음'이 없습니다. 그래서 진실한 친구를 가리켜 '금란지교(金蘭之交)'라고 합니다. 즉, 진실한 친구는 그 사귐이 쇠보다 굳고 그 향기가 난초와 같이 짙다는 의미입니다. 진정한 친구가 그리운 시절입니다.

중국 당나라 시인 위응물은 노래합니다.

"한 표주박 술을 가지고 멀리 있는 친구를 위로하러 비바람 부는 저녁에 나섰네. 낙엽이 빈산에 가득하니 어디에서 행적을 찾으리."

원하는 것이 많으면
비례해서 고통도 커진다

잘 길들인 말처럼
모든 감각이 잔잔하고
자만과 번뇌를 끊어 버린 사람은
신들까지도 그를 부러워한다.

— 법구경

한 마리의 여우가 포도원 옆에서 어떻게든지 들어가려 애쓰고 있었습니다. 그러나 울타리가 있어서 들어갈 수 없었습니다. 꾀를 낸 여우는 사흘 동안 단식하여 몸을 가늘게 만들었습니다. 간신히 작은 구멍 틈으로 포도원에 들어간 여우는 포도를 원하는 대로 실컷 먹었습니다.

포도를 실컷 먹고 난 여우는 주인이 오기 전에 포도원을 빠져 나가려 하였지만 배가 불러 울타리 구멍을 빠져 나갈 수 없었습니다. 할 수 없이 주인의 눈을 피해가며 사흘 동안 단식한 후에야 간신히 구멍을 빠져 나올 수 있었습니다. 여우는 생각했습니다. "결국 뱃속은 들어갈 때와 나올 때가 똑같구나!"

인생살이도 이와 같습니다. 원하는 것이 많아질수록 비례해서 고통도 커집니다. 마음을 비우면 고통은 줄어들고 기쁨은 늘어나니 이 어찌 슬기롭다 하지 않으리오!

진각 국사는 노래합니다.

"시내에 가서 내 발을 씻고 산 바라보며 내 눈을 맑게 하네. 부질없는 영욕은 꿈꾸지 않으니 이밖에 또 무엇을 구할까."

귀하게 되었다 해서
옛 친구를 버리지 말라

나의 결점을 알려주는 친구
나의 결점을 꾸짖어 주는 친구
이런 사람을 만나거든 그를 따르라.

나의 보물이 감춰진 곳을
알려주는 사람 같나니
그를 따르면 많은 이익이 있다.

— 법구경

세상을 살아가면서 진실한 친구가 있음은 크나큰 복입니다. 하지만 진실한 친구를 만나기란 쉽지 않습니다.

『숫타니파타』에 '진실한 친구'에 대한 말씀이 나옵니다. "나는 너의 친구다 라고 하면서 아무 것도 도와주지 않고 친구를 멸시하고 부끄럼 없이 행동한다면 그는 진정한 친구가 아니다. 친구에게 기분 좋은 말만 하고 말처럼 행동하지 않는 친구는 '행이 없는 말만 앞선 친구'라고 지혜로운 이는 알고 있다. 장차 서로 간에 불화가 생길까 노심초사하고 그러면서 친구의 결점만 들추어내는 그런 사람은 친구가 아니다. 그러나 아버지 품에 있는 아들처럼 편안하고 다른 사람이 사이를 갈라놓지 못한다면 그런 사람은 진정한 친구다."

어려운 처지를 당해도 멀리하지 않고 변함없이 왕래하며 위로하고 일깨워 주는 진실한 친구가 그리워지는 계절입니다. 삭막한 세상살이에 서로 믿고 의지하는 친구들이 되소서!

『형원소어』에 이릅니다.

"추위와 더위는 일정함이 없나니, 더위가 왔다 해서 솜옷을 버리진 말라. 귀하고 천함은 항상됨이 없나니, 귀하게 되었다 해서 옛 친구를 버리지 말라."

열매를 얻으려거든
씨를 뿌려라

열매를 얻으려거든
씨를 뿌려라.

선을 심으면 복을 얻고
악을 심으면 재앙을 얻는다.

종자를 심지 않고는
과실을 얻지 못하나니

그 마음을 올바르게 가지면
복은 스스로 그 몸에 돌아올 것이다.

— 견의경

『중아함경』에 '업(業)의 성질'에 대한 말씀이 나옵니다. "평소에 걸핏하면 살생을 하고, 남의 것을 제 것으로 만들며, 오입질을 하고, 거짓말을 하며, 요사스런 소견을 가지는 등, 온갖 악행을 한 사람이 있었다. 그가 죽을 때 많은 사람들이 찾아와 '죽은 뒤 천상에 태어나지이다!' 하고 축원한다고 해서 그가 과연 천상에 태어날 수 있을 것인가? 그것은 당치않은 말이다. 연못 속에 무거운 돌을 던져놓고 '돌아 떠올라라' 하고 아무리 기도해도 떠오르지 않는 것과 같이, 나쁜 업을 지은 사람은 저절로 지옥에 떨어진다."

어리석은 이들은 평소에 악행을 저지르곤 성인 전에 기도를 하면 모든 죄업이 소멸되는 것으로 착각합니다. 하지만 업이라는 것은 지은 대로 받는 것이니 이를 어찌 하리오? 힘써 악업을 소멸하고 선업을 닦을 일입니다.

청매인오 선사는 노래합니다.

"서릿발 같은 칼날 휘둘러 봄바람 베어냄에 흰 눈 쌓인 빈 뜰에 붉은 잎 지고 있네. 이 속의 시비를 겨우 분별하고 나니 차가운 반달 서쪽 봉우리에 걸려 있네."

욕심이 많은 사람은
번뇌도 많다

수행자여! 배 안에 스며든 물을 퍼내라
배가 가벼워 속력이 빨라질 것이다.
이와 같이 탐욕과 성냄을 끊어 버리면
그대는 마침내 대자유의 기슭에 닿게 되리라.

— 법구경

주변을 돌아보면 욕심을 과하게 부리는 이들을 볼 수 있습니다. 그들은 하나를 얻으면 둘을 원합니다. 그러다가 모두를 잃고는 후회합니다. 지혜로운 이는 분수를 지키고 과욕을 부리지 않습니다. 설사 타인으로부터 조롱을 받아도 흔들리지 않습니다. 일을 도모함에 있어서 순리를 따르기에 언제나 평안합니다. 지족은 최고의 재산임을 유념하소서!

소요태능 선사는 노래합니다.

"산은 우뚝 솟아 있고, 물은 차고, 바람은 솔솔 불고, 꽃은 그윽하게 피어 있고, 다만 이렇게 살아라. 무엇 때문에 힐끔힐끔 세정을 엿보는가!"

성현과 부처님은 그대 집안에
계시는 부모님이다

부모님께 효도하고 공양하라.
성현과 부처님은 다른 곳에
계시는 분이 아니라
바로 그대 집안에 계시는 부모님이니라.

— 잡보장경

『잡아함경』에 '늙은 아버지의 노래'가 나옵니다.

부처님께서 사위성 기원정사에 계실 때였다. 어느 날 부처님께서는 이른 아침에 걸식하시려고 성안으로 들어가셨다. 그때 늙고 쇠약한 한 바라문이 지팡이에 몸을 의지한 채 걸식하고 있었다.

"그대는 어찌하여 늙고 쇠약한 몸으로 거리에서 걸식하고 있는가?"

"고타마시여! 아들을 키워 며느리를 맞은 다음에 우리 집 재산 모두를 물려주고 집에서 나오게 되어 이렇게 걸식하고 있나이다."

부처님께서는 "내가 그대에게 게송을 일러줄 터이니 많은 사람들 가운데서 말하라."고 하시면서 다음과 같은 게송을 가르쳐 주셨다.

"아들을 낳아서 기뻐했고, 아들을 위해서 재산을 모았으며 아들을 위해서 며느리를 들인 뒤에 나는 집에서 물러나게 되었네. 어떤 시골의 부랑한 자식이 아비를 등지고 버렸으니 얼굴은 사람이지만 그 마음은 나찰이로다. 늙은 말은 쓸데없다고 보리 껍질까지 빼앗은 것처럼 늙은 아비는 집을 나와 거리를 떠돌면서 밥을 빌고 있네. 구부러진 지팡이는 사나운 소를 막아주고 개를 쫓아주며 어두운 곳에선 나를 부추기고 가시덤불을 헤쳐 나가게 해주니 늙은이에게 지팡이가 제일이로다."

이 말을 전해들은 아들은 깊이 뉘우치고 아버지를 모시고 잘 효도하였다.

사람 사는 모습은 예나 지금이나 다를 바가 없는 것 같습니다. 소승이 복지 일을 하다 보니 이런 유사한 일들을 수없이 보게 됩니다. 참으로 안타까운 일입니다. 부모에게 불효하면 그것을 보고 배운 자식들한테 똑같이 당하게 된다는 이치를 어찌 모른단 말인가요?

부모자식은 천륜지간(天倫之間)입니다. 즉, 하늘이 맺어준 특별한 관계인 것입니다. 부모를 잘 모시지 못하는 것은 하늘이 지어준 인연을 거슬리는 것이 됩니다. 부모는 세상에 둘도 없는 귀한 인연임을 생각하고 그 은혜를 갚는 데 소홀함이 없어야 할 것입니다.

『논어』에 이릅니다.

"부모의 나이는 반드시 기억하고 있어야 한다. 한편으로는 오래 사신 것을 기뻐하고, 또 한편으로는 나이 많은 것을 걱정해야 한다."

입은 재앙의 문이니
잘 단속하라

아무리 말을 꾸며 남을 해쳐도
죄 없는 사람을 더럽히지 못하나니
바람 앞에서 흩는 티끌과 같이
재앙은 도리어 자기를 더럽힌다.

— 법구경

사람들 사이에 생기는 화 가운데 제일 무서운 것은 설화(舌禍)입니다. 그래서 중국의 당시대 재상인 풍도(馮道)가 지은 설시(舌詩)는 지금도 많은 이들에게 회자되고 있습니다.

"입은 재앙의 문이요, 혀는 몸을 자르는 칼이다. 입을 닫고 혀를 깊이 감추면, 가는 곳마다 몸이 편안하리라."

입을 잘 단속하고 혀를 잘 놀리면 입에서는 향기가 나고 혀에서는 금단이 익으니 가히 불가설의 이적입니다.

일선정관 선사는 노래합니다.

"평생에 지껄인 말 부끄러우나, 끝내 요연(了然)히 백억을 뛰어넘었다. 말 있음 말 없음 다 옳지 못해, 청컨대 여러분 스스로 깨달으소서."

경청은 공짜로 얻을 수 있는 최고의 가치다

말이 많고 생각이 많으면
진리로부터 점점 멀어진다.
말과 생각이 끊어지면
어느 곳엔들 통하지 않으리.

— 신심명

어떤 사람들은 자신의 말은 열중이지만 남의 말은 귓전으로 흘린다. 그러다 보니 서로 간 소통이 원활하지 못하여 끝내는 서먹한 사이가 되고 만다. 상대와 제대로 소통하기 위해선 말을 잘하는 것보다 상대의 말을 잘 들어주는 것이 중요하다. 마음을 활짝 열고 귀와 눈과 가슴으로 상대의 말을 듣다 보면 그가 진정으로 전하고 싶은 말의 의미를 이해할 수 있다.

알렉스 퍼거슨은 말한다.

"경청은 공짜로 얻을 수 있는 최고의 가치다. 신이 인간에게 두 개의 눈과 귀, 하나의 입을 준 데는 그만한 이유가 있다. 즉, 한 번 말할 때 두 번 보고 두 번 들으라는 뜻이다. 더군다나 듣는 데는 돈이 들지 않으니 이 얼마나 좋은가? 남의 이야기에 귀를 기울이려는 노력은 언제나 보상받는다."

복 받기를 원한다면
복을 지어야 한다

목숨을 위해 의사를 받들고
이기기 위해서 세력에 의지하지만
법은 지혜로운 곳에 있고
복을 닦으면 금생과 내생에 빛나리라.

— 법구비유경

성인께서 기원정사에 계실 때, 신심 깊은 수달다 장자의 친구인 호시 장자가 병이 들어 성인께서 병문안을 갔습니다. 호시 장자는 깊은 병에 들었으나 본래 외도를 섬기는 그는 하늘에 기도만 하고 약으로 치료하기를 거절하고 있었습니다.

성인께서는 그에게 다음과 같은 말씀을 하셨습니다.

"세상에는 비명횡사하는 사람이 셋이 있느니라. 병이 있어도 치료하지 않는 사람, 치료는 하면서도 삼가지 않는 사람, 교만하고 방자하여 도리와 순리를 따르지 않는 사람, 이러한 사람은 하늘이나 조상·임금이 고칠 수 있는 것이 아니다. 육신에 생긴 병은 의약으로 고쳐야 하고, 사견에 따르는 병은 정법으로 고쳐야 하며, 빈궁과 재앙은 성현을 따르는 자비심으로 구제해야 하고, 매달리고 집착하는 병은 지혜로서 고쳐야 하느니라."

병이 들면 병원에 가서 의사의 지시대로 치료를 하여야 함은 당연한 일입니다. 그런데 어떤 이는 게을러서, 어떤 이는 자만해서, 어떤 이는 특별한 비방을 찾아 헤매다가 치료할 시기를 놓치고 크게 후회합니다. 복 또한 그러합니다. 복 받기를 원한다면 복을 지어야 합니다. 그런데 어떤 이는 게을러서, 어떤 이는 자만해서, 어떤 이는 특별한 비방을 찾아 헤매다가, 그나마 지어 놓은 복조차 까먹고 크게 후회합니다.

길 중에 안전하고 빠른 길은 큰 길[大路]이듯, 성인께서 일러주신 바른 법[大道]을 수행하면 어느 순간 복은 저절로 다가옵니다.

무량대복(無量大福)을 지으시어 필경 성불하소서!

원효 대사는 이릅니다.

"이 세상 부귀영화 풀잎에 이슬 물위에 물거품. 콩 심은 데 콩이 나고 팥 심은 데 팥이 난다. 좋은 일은 복을 받고 나쁜 일은 벌을 받는다. 좋은 일만 한다 해도 인생 육십 잠깐이네. 짓세짓세 복을 짓세. 하세하세 착한 일 하세."

상식을 벗어난
기적이란 없다

사람의
겉모습만을 보고

선한 사람인지
악한 사람인지 말하지 말라.

잠시 동안
만나본 것으로

마음과 뜻을
쉽사리 같이 하지 말라.

놋쇠나 구리 그릇에
순금으로 도금한 것처럼

드러낸 말과 행동에는
꾸밈이 있어

그 속마음을
알 수가 없나니,

속으로는
좋지 않은 생각을 품고서도

겉으로는
그럴 듯하게 보여주며

이곳저곳 다니면서
세상을 속이느니라.

― 잡아함경

파사익왕이 성인을 뵙고자 기원정사를 방문하였는데 마침 외도들이 정사 밖을 거닐고 있었습니다. 왕이 그들을 보고 합장을 하고 세 번이나 인사를 하였습니다. 이를 보신 성인께서 왕에게 연유를 묻자, 왕이 대답하길, "이 세상에 아라한이 있다면 저 사람들이 바로 그들이라고 생각했기 때문입니다." 하였습니다.

이에 성인께서 말씀하시기를, "저들을 아라한이라고 생각하지 마시오. 당신은 저들이 아라한인지 아닌지 모르고 있소. 남의 마음을 아는 지혜를 얻지 못했기 때문이오. 그와 함께 오래 살아 계행을 살펴보아야 알 수 있는 것이오. 사람을 보자마자 그를 어떤 사람이라 단정하지 마시오. 많은 고난을 같이 겪어 보아야 스스로 분별할 수 있고, 사귀고 왕래해 보아야 진실과 거짓을 구별할 수 있으며, 보고 말하는 것을 오래 지나 보아야 알 수 있는 것이니 몇 번 보았다고 그 사람이 어떻다고 말하지 마시오." 하였습니다.

옛말에 '열 길 물속은 알아도 한 길 사람 속은 알 수 없다'는 말이 있습니다. 사람의 겉모습만을 가지고 그 사람을 평가하는 것처럼 위험한 일은 없습니다. 사기꾼들은 대체적으로 사람들에게 호감을 주는 차림이나 언행에 능숙합니다. 특히 요즘처럼 경제가 어렵고 삶이 팍팍할수록 더욱 기승을 부리는 것이 바로 그런 이들입니다.

어려움에 처한 사람들의 공허한 심리를 교묘히 이용하여 영혼까지 빼앗는 무서운 재간을 가진 그들에게 얼마나 많은 사람들이 피해를 입고 있는지요? 세상에 공짜로 주어지는 일은 없습니다. 상식을 벗어난 기적은 없습니다. 노력한 만큼 과가 주어지는 것이 세상의 이치입니다. 조금 어려운 일을 당한다 할지라도 조급해 하지 않고 좌절하지 않으며 묵묵히 정도를 따라 걷다 보면 언젠간 목적지에 도달할 것입니다.

카뮈는 말합니다.

"진실은 빛과 같이 눈을 어둡게 한다. 거짓은 반대로 아름다운 저녁노을처럼 모든 것을 멋지게 보이게 한다."

살다보면 용서할 일보다
용서받을 일들이 더 많다

신기하고
신기하여라

어찌하여
이 모든 중생들이

여래의 지혜를
모두 갖추고 있는가.

그런데 어리석고 미혹하여
알지 못하고 보지 못하는구나.

— 화엄경

백인 폭력배들이 간디를 습격하여 폭행한 일이 있었습니다. 이 사건의 피해자인 간디는 법정의 증인대에 서게 되었습니다. 많은 사람들이 모여 간디의 말을 듣고자 하였습니다. 이윽고 간디는 또렷한 목소리로 말하기 시작했습니다.

"저기 앉아 있는 피고인들은 어떤 원한을 품고 있었기에 나에게 폭행을 가했을 것입니다. 그러나 나는 저 사람들에게 아무런 원한이 없습니다. 저 사람들이 나를 미워했다고 내가 반드시 저들을 미워할 까닭은 없습니다. 미움은 미움에 의해 풀어지지 않기 때문입니다. 나는 미움은 미움이 없어질 때에만 풀어진다는 영원한 진리를 믿고 있습니다. 따라서 그들의 석방을 즉시 원하는 바입니다."

불가에선 번뇌에 얽매여 생사를 초월하지 못하는 사람을 일컬어 '범부중생(凡夫衆生)'이라고 부릅니다. 대개의 사람들은 범부중생의 한계를 벗어나지 못하고 서로 미워하며 허덕거립니다. 살다보면 용서해줄 일보다는 용서받을 일들이 더 많습니다. 미움을 미움으로 풀지 말고 용서하며 보듬어 줄 수 있는 자비로움으로 가득한 날들이 되소서!

『잡아함경』은 이릅니다.

"애착과 욕심이 중생을 낳았고, 마음이 앞서 달려가나니 중생이 생사를 일으켰고, 괴로움을 벗어나지 못하고 있다."

마음을 바꾸면 악인도
선인이 될 수 있다

죄의 본성 본래 없어
마음 따라 일어난 것.

마음 한번 쉬고 보면
죄업 역시 사라지네.

죄성 없고 마음 쉬면
이것 일러 진참회라.

— 천수경

'앙굴리마라'라는 살인마가 있었습니다. 그는 사람을 죽여 손가락을 잘라 모은 후, 그걸 꿰어서 목걸이를 만들어 걸고 다녔습니다. 하지만 그가 처음부터 살인마는 아니었습니다. 그는 본래 사위성에 살면서 바라문을 스승으로 섬겼는데, 스승이 외출하였을 때 스승의 아내에게 유혹 당하였으나 이를 거절하였습니다. 스승의 아내는 원망을 품고 스승에게 거짓으로 모함하였습니다. 스승은 아내의 모함을 그대로 믿고 앙굴리마라에게 사람 100명을 죽여 손가락 100개를 가져오면 법을 가르쳐 주겠다고 했습니다.

앙굴마라는 스승의 말을 믿고 길거리에서 닥치는 대로 사람을 죽이기 시작하여 99명까지 죽이고 마지막 100명째 만난 사람이 자기의 어머니였습니다. 앙굴리마라는 자신을 낳아준 어머니까지 죽이려 하다가 성인을 만났습니다. 성인은 그에게 말했습니다.

"삿된 스승에게 악마의 도를 배웠구나. 너는 백천겁 지옥고를 받을 죄를 지었다. 그러나 그런 죄도 잘만 하면 사라지게 할 수 있다."

살기로 가득했던 앙굴리마라는 성인의 가르침에 진정으로 잘못을 참회하고 마침내 얼굴엔 자애로움이 가득 피어났습니다. 그때, 왕이 직접 군사를 거느리고 살인마 앙굴리마라를 체포하러 왔습니다. 성인은 왕에게 말했습니다.

"앙굴리마라는 벌레 한 마리도 죽이지 않았다."

어찌하여 성인은 왕에게 흉악무도한 죄를 지은 앙굴리마라가 '벌레 한 마리도 죽이지 않았다'고 말씀하셨을까요?

선과 악은 내면에 존재하는 두 개의 얼굴입니다. 마음이 미혹하면 악을 짓게 되고, 마음을 닦아 지혜를 깨치면 악을 물리칩니다. 인간이 죄업을 짓게 되는 근본은 삼독심(탐욕과 성냄과 어리석음)입니다. 그 삼독심은 뿌리가 깊어서 아무리 참회를 한다고 해도 마음속의 삼독심을 그대로 두면 후일에 또다시 악업을 짓게 됩니다.

그렇습니다. 앙굴리마라는 마음으로 삼독심을 여읜 진정어린 참회를 하였으므로 성인께서는 "앙굴리마라는 벌레 한 마리도 죽이지 않았다."고 하신 것입니다. 마음을 바꾸면 악인도 선인이 될 수 있다는 성인의 가르침은 인간의 무한한 가능성을 일러줍니다.

『천수경』에 이릅니다.

"무시겁래 제가 지은 모든 악업, 그 모두가 탐진치로 생겼으니, 몸과 말과 마음으로 지은 업장, 제가 이제 머리 숙여 참회합니다."

부모와 자식은
천륜으로 맺어진 사이다

부모는 다섯 가지로
자녀에게 경친(敬親)해야 한다.

자녀를 제어하여
악을 행하는 것을 용서하지 않는다.

가르치고 일러주어
그 착한 것을 보여준다.

자애로움이
뼛속 깊이 스며들게 한다.

선한 짝을
구해 준다.

때에 따라
그 쓰임을 더해준다.

— 장아함경

부모와 자식은 천륜으로 맺어진 사이입니다. 그러하기에 부모의 자식 사랑은 지역과 종교와 종족을 막론하고 한결같이 지극합니다. 그런데 때로는 자식사랑이 도를 넘어 잘못된 길로 내모는 경우도 있습니다. 그렇다면 어떻게 하는 것이 올바른 자식 사랑일까요?

　팔리어 『장부경』에 이릅니다.

　"부모는 자식에게 악한 일을 그만두게 하라. 예를 들어 살생 등은 현재에도 미래에도 죄가 되므로 부모는 '사랑하는 아들아, 사랑하는 딸아, 악한 일을 하지 말라'고 충고하여 악을 그만두게 한다. 부모는 자식에게 선한 일을 행하게 하라. 예를 들어 '사랑하는 아들아, 사랑하는 딸아, 현재에도 미래에도 공덕이 되는 보시를 하여라'고 권하여 좋은 일을 행하게 한다. 부모는 자식에게 학문과 예술을 하게 하라. 부모는 자식이 성장하면 잘 어울리는 신랑 신부를 선택해서 시집 장가를 보내라. 부모는 자식에게 적당한 때에 유산을 상속한다. 예를 들어 자식들이 공부할 때에, 시험에 합격한 때에, 학교를 졸업할 때에, 새로운 생활을 시작할 때에 적당한 시기를 택해 금전이나 물품을 준다."

　참으로 깊은 지혜의 말씀입니다. 훌륭한 부모는 자식이 넘치거나 모자라지 않게 훈육할 수 있어야 합니다. 벌을 줘야 할 상황과 상을 줘야 할 상황을 잘 파악하여 옳고 그름의 분별력을 키워주어야 합니다. 밀고 끌어줌의 시기를 적절히 파악함으로써 책임을 다하여야 합니다. 그러할 때 자식이 올바르게 커 갈 수 있으며, 부모는 자식들에게 존경과 우러름을 받을 수 있습니다.

『무량경』은 말합니다.

"부모와 자식 간에 항상 아끼고 사랑하라. 질투하거나 증오하지 말고 안색은 항상 온화하고 따뜻하게 하라. 설사 멀리 떨어져 있다 해도 항상 걱정하는 마음을 가져라."

빚을 얻을 때는
자신의 능력과 형편을 고려하라

욕심 많은 사람이
가난한 것은 큰 고통이다.

욕심 많은 사람이
남의 재물을 빌리는 것도 고통이며

남의 재물 빌려
이자가 날로 늘어가는 것도 고통이다.

남의 빚을 지고서 갚지 못해
독촉 받는 것도 고통이요

빚 받을 사람이
집으로 자주 찾아오는 것도 고통이요

빚을 갚지 못해 결박당하는 것도
큰 고통이니라.

— 중아함경

살다보면 피치 못할 사정으로 빚을 지는 경우가 있습니다. 하지만 빚을 지기는 쉬워도 갚기는 어려운 것이 현실입니다. 그러다 보니 빚으로 인하여 숱한 고통을 겪기가 십상입니다. 어떤 이는 빚 때문에 가정이 파탄나기도 하고 심하게는 살인까지도 일어납니다. 더욱 심각한 것은 그리스 사태의 예처럼 국가경제까지도 어려움을 겪을 수 있습니다.

빚은 서로 간에 맺어진 계약이기 때문에 아주 특별한 경우가 아니고선 빚을 탕감한다든가 제해주는 경우가 없습니다. 그래서 빚을 얻을 때는 자신의 능력과 형편을 고려해야 함은 당연합니다.

『논어』에 이르길, "나물 먹고 물마시며 팔꿈치를 굽혀 베개로 삼아도 즐거움은 역시 그 가운데에 있다."고 하였으니, 이 말을 깊이 유념할 일입니다.

『중아함경』에 이릅니다.

"다른 이에게 재물을 빌리고 재물을 빌린 뒤에는 남의 구박받아 고뇌가 되네. 빚주인은 찾아와 독촉을 하고 그 때문에 끝내는 결박되나니, 그 결박 무겁고 괴로워라. 세상은 욕심을 즐겨하기 때문이네."

03

제3장 .

지혜로운 불자의

삶

지혜 없는 인욕은
단지 참는 것이다

사람이 자기 마음을 다스리지 못하면서
도리어 남의 마음을 이기려 해서야
될 법이나 한 일인가.

제 마음을 이겨야 남의 마음을 이기리라.
제 마음을 이기지 못하면 진리를 알지 못하며
불도를 알지 못한다.

그러므로 제 마음을 이겨 노함을 제거하면
만복이 몸을 따르게 된다.

— 육바라밀경

불가에서는 인욕(忍辱)을 강조합니다. 인욕이란 '참는 것'을 말합니다. 하지만 그저 참으라는 것이 아닙니다. 지혜가 없이 그냥 참는 것은 굴욕일 뿐이기 때문입니다.

인욕이란 치밀어 오르는 화에 걸리거나 휘둘리지 않고 잘 놓아 버리는 것을 말합니다. 화가 치밀어 오를 때, 그 마음이 공한 것임을 깨우치면 화는 저절로 삭아지니 그것이 바로 인욕입니다. 『백유경』에 '어리석은 이'에 대한 이야기가 나옵니다.

옛날 머리에 털이 없는 사람이 있었다. 어느 날 어떤 사람이 배를 가지고 와서 그의 머리를 때렸다. 두세 번을 치니 상처가 났다. 그런데도 그는 가만히 참으면서 피할 줄을 몰랐다.

옆에 있던 사람이 그것을 보고 말하였다.

"왜 피하지 않고 가만히 맞기만 하여 머리를 상하게 하는가?"

그는 대답하였다.

"저 사람은 힘을 믿어 교만하고 어리석어 지혜가 없다. 그는 내 머리에 털이 없는 것을 보고 돌이라 생각하여, 배를 가지고 내 머리를 때려 상처를 낸 것이다."

그러자 옆에 있던 사람이 말하였다.

"네가 어리석은데 왜 그를 어리석다고 하느냐. 네가 어리석지 않다면 왜 남에게 얻어맞으며, 또 머리에 상처를 입으면서도 왜 피할 줄을 모르는가."

지혜로운 이는 어떤 상황에 처했을 때 능히 슬기롭게 대처하며 상대 또한 죄를 짓지 않게 유도합니다. 지혜 없는 인욕은 단지 참는 것일 뿐임을 유념하소서!

대혜 선사는 노래합니다.

"비수에 발린 꿀은 핥지 말고, 비상을 파는 집에선 물맛을 보지 말라. 꿀을 핥지 않고 물맛을 보지 않아 모두 범하지 않으면, 아무런 탈 없이 비단옷 입고 저절로 고향에 돌아가리."

탐심은 몸속에
벌레를 키우는 것과 같다

하늘에서 칠보의 비가 내려도
욕심은 오히려 싫증내지 않는다.
즐거움은 적고 고통은 많으니
깨달은 사람은 현명하게 된다.

— 법구경

사람들은 돈과 권력과 명예를 추구합니다. 그래서 그것들을 얻기 위하여 오늘도 싸우고 내일도 싸웁니다.

『숫타니파타』에 이릅니다.

"하나의 욕망이 이루어지면 열 가지 새로운 탐욕이 생기나니 이를 이루지 못하여 사람들은 괴로워한다. 온갖 번뇌는 탐욕을 뿌리로 하니 욕망을 스스로 없앤 이들은 번뇌를 여의고 피안의 언덕에 도달한다. 그대의 행복은 미망에 가려 보이지 않으니 무화과나무 숲에서 꽃을 찾은들 몸만 고될 뿐 꽃이 보이겠는가? 칠흑 같은 욕망의 어둠속에서 헤매는 사람들이여! 영원한 행복 깨달음의 빛을 찾아 여행을 떠나라. '사람들은 욕망을 버리기 쉽지 않다'고 말한다. 그러나 굴속같이 어두운 방도 문을 열면 일시에 환해지나니 탐심을 없애는 것도 이와 같아서 한 생각 돌리면 그 즉시로 욕망의 덫에서 벗어날 수 있다. 탐하는 마음은 갖가지 번뇌를 동반한다. 탐심은 몸속에 벌레를 키우는 것과 같으니 건강한 육신을 망가뜨리듯 참 행복의 길목을 막아서고 물러나지 않는다.

깊은 곳에 숨겨둔 은반지가 그 빛을 잃듯 재물을 욕심껏 모아 쌓아두기만 한 사람들은 청정함에서 점점 멀어진다. 마침내 죽음의 시간을 맞아 평생을 모은 재물이 무슨 소용이겠는가? 끝내는 빈손으로 끌려가니 일평생 헛수고만 하다 가네."

재물과 권력과 명예를 얻어 천하에 그 이름을 떨친다 할지라도 만족하지 못하면 어찌 행복하다 할 것인가요? 욕망을 절제하면 마음이 편안하여 근심걱정이 없으니 그것이 바로 행복임을 유념하소서!

야부도천 선사는 노래합니다.

"낚싯줄 길게 바다 속에 드리우니 파도는 일파만파 일렁이는데, 밤은 고요하고 물만 차가울 뿐, 고기는 물지 않아, 빈 배에 달빛만 가득 싣고 돌아오고 말았네."

지혜로운 사람은
자기 마음을 환경에 맞춘다

어리석은 사람은
자기에 맞는 환경을 찾고
지혜로운 사람은
자기 마음을 환경에 맞추느니라.

― 법구경

사람들은 살아가면서 환경의 지배를 받습니다. 하지만 어떤 이들은 주어진 환경에 떠밀리지 않고 좋은 쪽으로 노력하여 결국엔 인생의 승자가 됩니다. 미국 제22대 대통령이었던 클리블랜드의 일화는 사람들에게 깊은 감명을 줍니다.

미국의 어떤 감옥에서 옥살이를 하던 한 죄수가 미국 제22대 대통령으로 클리블랜드가 당선됐다는 소식을 전해 듣곤 크게 놀라는 표정을 지었습니다. 곁의 사내가 무슨 까닭인가 싶어 물어 보았더니, 그는 클리블랜드와 얽힌 자신의 과거지사를 밝혔습니다.

한창 나이 때의 클리블랜드가 어느 변호사의 서기 생활을 할 때 그는 클리블랜드와 친구사이였습니다. 어느 날 그는 클리블랜드와 술을 마시러 나갔습니다. 그때 클리블랜드는 그와 걸어 가던 도중에 문득 성경에 '죄의 값은 죽음이다'는 구절이 떠올랐습니다. 클리블랜드는 '이래선 안 돼, 자칫 유혹에 질 뻔 했다'고 생각하고 "미안하지만 나는 갈 수가 없구나, 해야 할 일이 생각 났어."라고 말하며 되돌아가려고 했습니다.

그러자 그는 "그럴 수야 없지, 함께 가자. 할 일이라면 나중에 해도 상관없잖아. 내가 도와줄게. 자, 한번 즐겁게 마시고 그리고 나서 열심히 일하자구나."라고 집요하게 말했습니다. 클리블랜드도 그의 강요에 거의 질 듯했지만 이는 중대한 갈림길이라고 생각하고 마침내 그의 손을 뿌리치고 집으로 돌아갔습니다.

그 후 클리블랜드는 오랫동안 노력을 기울여 간수장이 되고, 버펄로 시장이 되고, 뉴욕 주지사가 되고 드디어 대통령이 되었습니다. 클리블랜드의 친구였던 자신은 죄를 짓고 감옥살이를 하고 있다며 한탄했습니다.

인생길을 한 발 한 발 걷다 보면 때로는 험한 길도 나오고 때로는 꽃길도 나옵니다. 그 모두를 떨치고 또 걷다 보면 어느 순간 한 처에 도달하니, 이 어찌 기쁘지 않으리오!

함허득통 선사는 노래합니다.

"천겁이 지나도 옛 아니요, 만년이 지나도 지금이라. 산천이 여러 번 바뀌었는데, 바람과 구름 변하는 모습 얼마나 보았는가?"

분별심이 없으면
시비도 없다

마음이 탐욕과 증오에 물들지 않고
번뇌가 없어 혼란하지 않으며
선악을 모두 초월하여 깨어 있는 자는
더 이상 두려울 것이 없다.

— 법구경

사람들은 삶이 괴롭다고 하소연합니다. 그런데 괴로워하는 이유를 들어보면 하나같이 분별심에서 기인함을 알 수 있습니다. 자신만의 기준을 두고 모든 것에 '좋다 나쁘다, 많다 적다, 이쁘다 밉다'를 칭량하니 어찌 괴롭지 않을 것인가요?

　『증일아함경』에 이릅니다.

　"대지는 깨끗한 것도 받아들이고 더러운 똥과 오줌도 받아들인다. 그러면서도 깨끗하다 더럽다는 분별이 없다. 수행하는 사람도 마음을 대지와 같이 써야 한다. 나쁜 것을 받거나 좋은 것을 받더라도 조금도 싫어하거나 좋아하는 분별을 일으키지 말고, 오직 사랑하고 가엾이 여기는 자비로운 마음으로 중생을 대해야 한다."

　분별심이 없으면 시비도 없습니다. 분별심이 괴로움을 만드는 근본임을 깨달아 현상에 집착하지 않고, 다만 흐르도록 내버려 두면 만사가 평안하니 어찌 괴로움이 있을 것인가!

　부설 거사는 노래합니다.

　"눈으로 보는 바가 없으니 분별이 없고, 귀로 듣는 소리 없으니 시비가 끊어졌다. 분별 시비를 모두 놓아 버리니, 다만 심불이 스스로 귀의함을 보더라."

세상은 변하니 집착과
욕망의 집에 머무르지 말라

어리석고 지혜 없는 중생은
자기에 대해서 원수처럼 행동한다.
욕심을 따라 악한 업을 지어
스스로 고통의 결과를 얻는다.

— 법구경

세상에 영원한 것은 없습니다. 아무리 견고한 바위도 세월이 가면 부서지고, 삼천갑자를 자랑하던 동방석도 죽음을 피할 수 없었습니다. 이는 자연의 법칙이니 어찌하리오! 하지만 어리석은 중생들은 자신만은 영원할 것으로 착각하다가 눈앞의 현상에 당황하고 슬퍼합니다.

『숫타니파타』에 '무상한 인생을 바로 보라'는 대목이 나옵니다.

"아, 짧도다 인간의 생명이여! 백 살도 못되어 죽어 버리는가? 아무리 오래 산다 해도 결국은 늙어서 죽는 것을. 사람은 내 것이라고 집착하는 물건 때문에 근심하니, 자기가 소유한 것은 영원한 것이 아니다. 이 세상 것은 모두 변하고 없어진다는 것을 알아 집착과 욕망의 집에 머무르지 말라."

지혜로운 이는 인생의 무상함을 알기에 평탄하지 않은 길을 평탄하게 걸어갑니다. 인생의 길목마다 달라지는 풍경을 여여히 받아들이니 어찌 괴로움이 있으리오!

일휴 선사는 노래합니다.

"고이지 않는 우물의 물 위에 잔물결이 일고, 형상도 없고 일 없는 이가 그곳으로부터 물을 긷네."

세 번 생각하되 선을 생각하고
세 번 생각하되 악을 떠나라

선과 악을 깊이 살피고
마음으로 두려움과
거리낌을 알면

두려워 범하지 않게 되고
마침내 상서롭고
근심이 없게 된다.

— 법구경

세상을 살다보면 알게 모르게 또는 자의든 타의든 악한 일에 빠지는 경우가 있습니다. 그런데 어떤 경우든 악한 일은 그 뒤끝이 좋지 않습니다.

그래서 고인은 '세 번 생각하되 선을 생각하고, 세 번 생각하되 악을 떠나거라. 생각을 따라 행이 있나니, 생각 버림이 바로 끊음이니라.'고 하십니다. 악은 즐거움 속에서도 괴로움을 주지만, 선은 고통 속에서도 우리를 위로해 주는 권능이 있음을 유념하여 힘써 선을 행할 일입니다.

마하시 사야도는 노래합니다.

"악한 생각을 한 후에는 괴로움이 따르듯, 선한 생각 뒤에는 행복이 따른다. 선한 마음으로서 생각하고, 말하고, 행동하는 자는 선업의 행을 쌓는다. 선업은 지금 살아 있는 현생과 그 이후에도 언제나 행복으로 인도한다."

내적 성장을 막는 가장 큰 장애물은
아만과 교만이다

교만하고 어리석은 자는
성자와 늘 함께 있어도
공부하는 구도심이 부족하다.

게으름 피우지 말고
공부해야 한다.
아는 체 하는 것은
큰 잘못이다.

— 법구경

자신의 내적 성장을 가로막는 제일 큰 장애물은 '아만과 교만' 입니다. 『아함경』에 '아나율의 깨달음'이 나옵니다.

　　부처님의 제자 중에 아나율이 있었다. 그는 천안(天眼)을 얻었음에도 불구하고 번뇌를 끊지 못했음을 사리불에게 고백했다.
　　"나는 선정을 열심히 닦아 하늘의 세계도 볼 수 있는 '천안청정'을 이루었음에도 불구하고 아직도 해탈을 하지 못했습니다."
　　사리불은 아나율에게 말했다.
　　"아나율이여! 천안으로 하늘의 세계를 본다는 네 마음에는 자만심이 있다. 노력해서 선정을 닦는다는 네 마음에는 교만심이 있다. 그것들을 떠나지 않으면 깨달음을 얻을 수 없다."
　　사리불의 가르침을 받은 아나율은 아만심과 교만심을 내려놓으니 비로소 마음에 걸림 없는 해탈을 이룰 수 있었다.

　『금강경』에 이르길, '모든 중생을 다 제도하여 열반에 들게 했다 하더라도 단 한 중생도 제도했다는 생각이 없어야 한다'고 합니다. 하심(下心)이야말로 자신의 내적 성장을 키우는 최고의 거름임을 유념할 일입니다.
　무의자 혜심 선사는 노래합니다.
　"드문드문 소나무 달빛 또한 밝아 그윽한 골짜기 바람 족히 맑아라. 웃고 즐기며 마음대로 노니니 높으나 낮으나 머무는 데마다 평안해."

의심은 서로의 마음을
괴롭히는 가시다

의심이란?
분노를 일으키게 하는
근본 요인이며

사이를 떼어놓는
독이며

서로의 생명을
손상시키는 칼날이고

서로의 마음을
괴롭히는 가시이다.

— 아함경

『백유경』에 '가짜 귀신에 놀란 사람들 이야기'가 나옵니다.

   옛날 간다르바국에 여러 사람들이 마침 흉년을 만나 음식 있는 곳을 따라 다른 나라로 가게 되었다. 도중에 바라신 산을 지나게 되었다. 그 산에는 본래부터 사람을 잡아먹는 나쁜 귀신 락사사가 많았다. 그들은 산중에 모여 잠을 잤다. 산중에는 바람이 몹시 찼기 때문에 불을 피우고 누워 있었다. 그들 중에 추위를 몹시 타는 사람이 있었다. 그는 장난으로 귀신 락사사의 옷을 입고 불을 쪼이며 앉아 있었다.

   그때 옆에 있던 어떤 이가 잠이 깨어 보니 불 옆에 귀신 락사사가 앉아 있는 것을 보고는 놀라 그만 그곳에서 달아나 버렸다. 그 바람에 잠자던 사람들도 놀라 엉겁결에 모두 내달았다. 그래서 그 락사사의 옷을 입은 이도 놀라 그들을 쫓아 죽어라 뛰었다.

   그들은 뒤에 락사사가 쫓아오는 것을 보고 해치러 오는 줄로만 생각하고는 더욱 더 놀라고 두려운 나머지 산을 넘고 물을 건너 구렁에 몸을 던졌다. 그리하여 몸도 다치고 극도로 피로하여 모두 쓰러졌다가 날이 밝아서야 비로소 귀신이 아님을 알았다.

한번 의심을 하게 되면 의심은 꼬리에 꼬리를 물고 이어집니

다. 의심으로 인하여 부부간에 파국을 맞고, 형제자매 간에 등을 돌리고, 친구 간에 원수가 되고, 단체 간에 분쟁이 일어나고, 국가 간에 전쟁이 벌어지기도 하니, 의심은 참으로 무서운 화근입니다. 의심은 의심으로 풀 수 없습니다. 의심을 푸는 양약은 소통과 이해입니다. 서로 가슴을 열고 소통하면 어찌 이해 못할 일이 있겠는가요.

예장종경 선사는 노래합니다.

"구름 걷힌 가을하늘의 달이 못에 비치니, 찬 빛의 끝없음을 누구와 더불어 얘기할거나. 천지를 꿰뚫는 안목을 활짝 여니, 대도가 분명하여 참고할 게 없도다."

남에게 충고할 때
지켜야 할 다섯 가지

자고로 사람들은
말이 많아도 말이 적어도 말이 없어도
비방을 하고 비방을 받았다.

비방하거나 비방 받지 않은
사람은 하나도 없다.

그러나 세상에는
비방만 받고
칭찬만 받는 사람은
지난날에도 없었고
지금도 없으며
앞으로도 없을 것이다.

— 법구경

세상을 살아가면서 때로는 남에게 충고를 해야 할 때도 있습니다.

『중지부경』에 '남에게 충고하고자 할 때에는 다음의 다섯 가지를 생각해야 한다'고 이릅니다.

"충고할 만한 때를 가려서 말할 것이요, 그렇지 못할 때는 침묵을 지킨다. 진심에서 충고하고 거짓되게 하지 않는다. 부드러운 말씨로 이야기하고 거친 말을 쓰지 않는다. 의미 있는 일에 대해서만 말하고 무의미한 일은 말하지 않는다. 자비로운 마음으로 이야기하고 성난 마음으로는 말하지 않는다."

충고란 상대의 결함이나 잘못을 진심으로 타이르는 것이어야 합니다. 상대의 잘못이나 결점을 책잡아서 나쁘게 말하면 자칫 비난으로 오해받을 수 있습니다. 말 한마디로 원수와 친구가 갈라짐을 유념할 일입니다.

덕겸 선사는 노래합니다.

"칼이 촘촘한 가운데서도 위엄을 내어 그대들은 응당 선을 잘 지켜야 한다. 불속에서 무쇠소가 새끼를 낳으니 갈림길에 임해서 그 누가 나의 참 뜻을 알리오!"

허물은 드러낼수록 사라지고
공덕은 숨길수록 자란다

사람이 백 년을 살더라도
삿된 것 배워서 뜻이 선하지 못하면
그것은 단 하루를 살아도
정진하며 바른 법 받느니만 못하니라.

— 법구경

정진하다 보면 기이한 현상들을 경험할 때가 있습니다. 하지만 그것들은 단지 수행 중에 나타나는 일시적인 현상일 뿐입니다. 그런 것들에 끄달리지 않고 더욱 밀어붙일 때 비로소 높은 경지를 맛볼 수 있습니다. 그런데 안타깝게도 어떤 이들은 그러한 현상들이 수행의 전부인 양 착각하여 그것들을 즐기며 허송세월을 보내니 어찌하리오?

『장아함경』에 '신통을 보이지 말고, 자신의 공덕을 숨기라'는 말씀이 나옵니다.

"신통을 보이지 말라. 자신의 공덕을 숨기라. 수행 중에 나타나는 신통이든 그 어떤 공덕이든 그것은 모두 거짓이요 환영이며 꿈이고 신기루다. 신통과 공덕에 집착하고 그것을 스스로 자랑하고 드러내는 마음에는 한 치의 깨달음도 붙을 수가 없다. 그 마음이 곧 아상(我相)이기 때문이다.

자신을 드러내지 말라. 신통자재함을 드러냄으로써 자신을 과시하겠다는 생각이 있다면 깨달음은 저 멀리 달아나며 모든 공덕은 소멸된다. 수행 중에 나타나는 그 어떤 공덕이라도 모두 회향할 뿐, 내 것으로 붙잡아 가두려 하지 말라. 그것을 스스로 내세우지도 말라. 다만 자신의 허물이 있으면 대중에게 활짝 드러내 그 허물을 닦으라. 허물은 드러낼수록 사라지고 공덕은 숨길수록 자란다.

우리는 다만 자리에 꼿꼿이 앉아 진리를 사유할 뿐이다. 스스

로 사유한다는 생각도 없고 스스로 수행한다는 생각도 없으며 스스로 수행의 공덕을 믿지도 않는다. 수행 중에 그 어떤 공덕이나 신통이나 신비한 변화가 찾아올지라도 그것이 환영임을 알기 때문에 스스로 드러내지 않는다.

자신이 지은 그 어떤 공덕일지라도 그것을 입에 담는 순간 물거품처럼 흩어진다. 스스로 드러낼 수 있는 것은 오직 자신의 허물일 뿐이다. 무엇이든 드러내면 사라지고 숨기면 자란다. 공덕을 드러내면 공덕이 사라지고 허물을 드러내면 허물이 사라지며, 공덕을 숨기면 공덕이 자라고, 허물을 숨기면 허물이 자란다. 무엇을 숨길 것이며 무엇을 드러낼 것인가?

나는 끝내 모든 비구들에게 신통을 보이라고 가르치지는 않을 것이니라. 나는 다만 조용한 곳에서 깊이 진리를 사유하고 자신에게 공덕이 있으면 마땅히 그것을 스스로 숨기고, 허물이 있으면 그것을 스스로 드러내라고 가르칠 뿐이다."

혹여 알음알이에 빠져 헤매고 있지는 않은지요? 부처님의 가르침을 따라 바르게 정진하다 보면 끝내는 위없는 도를 이룰 것이니 힘써 정진할 일입니다.

함월해원 선사는 노래합니다.

"종일 모든 일 잊고 앉았더니 하늘에서 꽃비가 흩날리네. 내 살림살이 별것이 없고 벽에 걸린 표주박 하나뿐."

산이 높을수록
골은 낮다

모든 일에 넘침은
모자람만 못하고
잘난 척 하는 것은
아니함만 못하다.

— 법구경

어떤 이는 자신은 높이고 타인은 무시합니다. 어떤 이는 상대는 높이고 자신은 낮춥니다. 과연 어떤 이가 진정으로 자신을 위하는 이일까요?

『잡아함경』「존중경」에 '공경의 덕'이 나옵니다.

"공경하지 않는 자는 큰 고통이 따른다. 예의가 없고 남의 뜻을 두려워 할 줄 모르면 사람의 도리에서 멀어진다. 공경할 것이 있어 예의가 있고 그것에 순종하면 의롭고 안락하게 지낼 수 있다. 혹, 하늘신이나 세상사람 중에서 내가 두루 갖춘 계율이나 삼매·지계·해탈보다 나은 게 있다면 나는 그들을 공경하고 존중하며 받들어 섬기리라."

속담에 '산이 높을수록 골은 낮다'고 했습니다. 자신을 낮추는 것이 진정으로 자신을 높이는 것임을 유념할 일입니다.

무의자 혜심 선사는 노래합니다.

"싸우지 않고도 적병을 굴복시키니, 지극한 어짊은 다툴 자 누구인가? 태평하여 한 가지 일도 없으니, 바다는 평온하고 물은 맑도다."

벗은 불편한 몸을 지탱해주는
지팡이와 같다

생각이 깊고 총명하고 성실한
지혜로운 도반이 될 친구를 만났거든
어떤 어려움이 있더라도 극복하고
마음을 놓고 기꺼이 함께 가라.

— 법구경

살다보면 이런저런 인연으로 다양한 사람들을 만나게 됩니다. 그중엔 이익을 주는 사람도 있고, 손해를 주는 사람도 있습니다. 이익을 주는 사람이란 어떤 사람일까요?

『아함경』에 '이익을 주는 네 가지 벗'에 대한 말씀이 나옵니다.

"첫째 나의 그릇됨을 멈추게 할 수 있는 벗이니, 마음이 바르고 생각이 어질고 원이 커서 능히 남의 그릇됨을 잘 분별하고 그치게 할 줄 아는 사람이다. 둘째 자비심이 있는 벗이니, 남의 이익을 보면 함께 기뻐할 줄 알고, 남의 잘못을 보면 근심할 줄 알며, 남의 덕을 칭찬할 줄 알고 남의 악행을 보면서 능히 자신의 악을 없애는 사람이다. 셋째 모든 사람에게 해를 끼치지 않는 벗이니, 남의 게으름을 방관하지 않고, 남의 재산에 손상을 입히지 않으며, 남으로 하여금 공포를 느끼지 않게 하고, 조용히 훈계할 줄 아는 사람이다. 넷째 이익을 함께 나누고 행동을 함께하는 벗이니, 자신의 몸과 재산을 아끼지 않고 공포로부터 구제하며 함께 깨닫기를 잊지 않느니라."

벗은 불편한 몸을 지탱해주는 지팡이와 같습니다. 내가 먼저 상대방에게 지팡이 같은 벗이 되어주면 어떨까요?

향곡 선사는 노래합니다.

"슬프다, 이 종문에 흉악한 도적놈아! 천상천하에 너 같은 놈 몇이나 되리. 인연이 다하여 손을 털고 떠나갔으니, 동쪽 집의 말이 되었는가, 서쪽 집에 소가 되었는가."

욕망을 채우기도 전에
죽음이 먼저 끌고 가리라

욕망의 꽃을 따 모으느라
제 정신이 없는 사람을
죽음이 먼저 끌고 가리라.
욕망을 미처 채우기도 전에.

— 법구경

중생들은 재색(財色)의 그물망에 갇혀 한 발자국도 움직이지 못합니다. 사람들 중에 뛰어난 이라 할지라도 그것을 벗어나기란 지난한 일이니 참으로 무서운 것이 재색의 그물망입니다. 『사십이장경』에 '티끌을 벗어난 대장부론'이 나옵니다.

사람들이 재물과 색을 버리지 못하는 것은 마치 칼날에 묻은 꿀을 탐하는 것과 같다. 한번 입에 댈 것도 못되는데 어린 애들은 그것을 핥다가 혀를 상한다. 사람이 처자나 집에 얽매이는 것은 감옥에 갇히는 것보다 더하다. 감옥은 풀릴 날이 있지만 처자는 멀리 떠날 생각조차 없기 때문이다. 정과 사랑은 어떠한 재앙도 꺼리지 않는다. 호랑이 입에 들어가는 재난이 있다 하더라도 깊이깊이 빠져든다. 그러므로 이를 범부라 이르고 여기에서 뚫고 나오면 티끌을 벗어난 장부라 한다.

모든 욕망 가운데서 성욕보다 더한 것은 없다. 성욕의 크기는 한계가 없는 것이다. 다행히 그것이 하나뿐이었기 망정이지 둘만 되었더라도 도 닦을 사람은 아무도 없을 것이다. 애욕을 지닌 사람은 마치 횃불을 들고 거슬러 가는 것과 같아서 반드시 손을 태우는 화를 입게 된다.

어떤 악마가 내게 미녀를 보내어 그 뜻을 꺾으려 했을 때 나는 이렇게 말했다.

"가죽 주머니에 온갖 더러운 것을 담은 자여! 너는 무엇 하러 왔느냐, 물러가라. 내게는 소용없다."

악마가 도리어 공경하는 마음을 일으켜 도의 뜻을 물었다. 나는 그를 위해 설명해 주었더니 그는 곧 눈을 뜨게 되었다.

부처님께서는 '어린애들이 칼날에 묻은 꿀을 탐하는 것과 같이 사람들은 재물과 색의 유혹에서 허덕거린다'고 탄식하셨습니다. 몰록 재색의 유혹에서 벗어나 걸림 없는 대자유를 누리는 멋진 날들이 되소서!

보조지눌 선사는 노래합니다.

"호리병 속에 갇힌 새 그대로인데 세간사는 한바탕 꿈이려니, 타고 있는 불길을 잡지 못하겠네. 노승은 주장자로 크게 '할'을 쳐서 깨워볼거나."

오늘은 어제의 연속이고
내일은 오늘의 상속이다

현재의 모든 일은 생각의 결과이다.
현재의 모든 일은 생각을 바탕으로 이루어지며
생각으로 이루어진다.

생각이 세상을 만든다.
나쁜 생각으로 말하거나 행동하면
수레바퀴가 수레를 끄는 소를 따라가듯
불행이 따른다.

현재의 모든 일은 생각의 결과이다.
현재의 모든 일은 생각을 바탕으로 이루어지며
생각으로 이루어진다.

좋은 생각으로 말하거나 행동하면
너의 그림자가 너를 떠나지 않듯
행복이 너를 따른다.

— 법구경

사람들은 무슨 일에 막히면 '나는 전생에 무엇이었을까? 내생은 어떻게 될 것인가'를 궁금해 합니다. 그 해답은 의외로 간단합니다.

　부처님께서 『아함경』에 이르시길, "전생의 일을 알고자 하는가? 금생에 받는 삶이 그것이다. 내생의 일을 알고자 하는가? 금생에 짓는 선악이 그것이다."고 하셨습니다. 오늘은 어제의 연속이고 내일은 오늘의 상속이듯, 금생은 전생의 연속이고 내생은 금생의 상속인 것입니다.

　하지만 사람들은 어제는 돌아볼 줄 알면서 전생은 잊고 살며, 내일은 기약하면서 내생은 준비하지 않습니다. 그 때를 당하여 후회해도 이미 늦습니다. 오늘에 충실한 이는 그 때를 당하여도 여여하니 그의 삶은 참으로 아름답습니다.

　동계경일 선사는 노래합니다.

　"아침 내내 밥 먹어도 무슨 밥을 먹으며, 밤새도록 잠을 잤어도 잠을 잔 것이 아니로다. 고개 숙여 못 아래 그림자만 보느라 밝은 달이 하늘 위에 있는 줄을 모른다네."

언행이 일치하는 사람
그는 지혜로운 사람이다

말이 그 행위를
따라가지 못하는 사람
그는 무지한 사람이다.

말과 행위가
하나가 되는 사람
그는 지혜로운 사람이다.

무지와 지혜의 차이는
바로 이것이다.

— 법구경

『아함경』에 '언행일치'에 대한 가르침이 나옵니다.

　왕사성 근처에 출가한 외도가 살고 있었다. 그는 제자들에게 말했다.
　"내가 하나의 게송을 읊을 때 누구라도 대답하는 사람이 있으면 나는 그의 제자가 되리라."
　걸식 나갔던 제자들로부터 이 말씀을 전해 들으신 성인께서 저녁 때 외도를 찾아가 "네가 게송으로 읊으면 내가 대답하리라."고 하셨다.
　외도는 정색을 하고 큰 소리로 게송을 읊었다.
　"비구는 법답게 살아가면서 중생들을 두려워하지 말지니, 마음을 고요히 하고 계율을 지켜 고요히 쉬라."
　성인께서는 그의 마음속을 아시고 게송으로 대답하셨다.
　"만일 네가 말한 것처럼 네가 스스로 실천한다면 나는 너를 훌륭한 사내라고 인정하리라. 그러나 내가 너의 말을 들으니 말과 행동이 걸맞지 않는구나. 자기의 마음을 거두어 잡아 함부로 날뛰지 못하게 하는 것을 법을 따르는 것이라 말 할 것이니, 너 자신의 마음을 길들이고 고요히 쉬어라."

　지공 화상은 "백 살을 먹어도 지혜가 없으면 어린아이이고, 어린아이라도 지혜가 있으면 백세 노인과 다를 바 없다."고 말합니다.

무지함과 지혜로움은 유무식에서 나오는 것이 아니라 실천행에 있음을 유념할 일입니다.

부설 거사는 노래합니다.

"눈으로 보는 것 없으니 분별이 없고, 귀로 듣는 바 없으니 시비가 끊어졌네. 분별과 시비를 모두 놓아 버리고, 다만 마음부처를 보고 스스로 귀의할지어다."

침묵이 때로는 말보다
더 큰 힘을 발휘할 때가 있다

어리석은 사람은
지혜로운 사람을 이기고자

거친 말과
악담을 마구 퍼붓지만

진실로 이기려는 사람은
많은 말보다

차라리
침묵을 지키느니라.

─ 법집요송경

침묵은 때로는 말보다 더 큰 힘을 발휘할 때가 있습니다. 그런데 어리석은 이는 침묵할 때 말하고, 말할 때 침묵합니다.

성인께선 '말할 때 말하고, 침묵할 때 침묵할 줄 알아야 마음의 평온을 얻고 때를 놓치지 않을 것이다'고 하였으니 깊이 유념할 일입니다.

서산 대사는 노래합니다.

"산은 스스로 무심히 푸르고, 구름 또한 무심히 희도다. 그 가운데 한 사람 앉았으니, 그 또한 무심한 길손이로다."

아름다운 말이
세상을 밝게 한다

모든 재앙은 입에서 나온다.
그렇기 때문에
함부로 입을 놀리거나
원망하는 말을 해서는 안 된다.

맹렬한 불길이 집을 태워 버리듯
말을 삼가지 않으면
이것이 불길이 되어
내 몸을 태우고 말 것이다.

중생의 불행한 운명은
그 입에서부터 시작된다.
입은 몸을 치는 도끼요
몸을 찌르는 날카로운 칼날이다.

— 법구경

『본생담』에 '말하기 좋아하는 왕에 대한 이야기'가 나옵니다.

말하기를 좋아하는 왕이 있었다. 그 왕은 입만 열면 그 옆에 있는 신하들은 단 한마디도 말할 시간적인 여유를 주지 않았다. 이런 모습을 옆에서 지켜 본 왕의 스승이 있었다. 그는 '어떻게 하면 왕의 저 버릇을 고칠 수 있을까'를 고민하고 있었다.

그러던 어느 날이었다. 왕이 산책을 하고 있었는데 난데없이 지붕 위에서 거북이 한 마리가 궁전의 뜰로 떨어졌다. 왕이 그것을 보고 그의 스승에게 물었다.

"스승님, 하늘에서 거북이 한 마리가 떨어졌습니다. 어떤 연유입니까?"

왕의 스승은 골똘히 생각을 하다가 갑자기 자신의 무릎을 딱 쳤다. "옳거니. 이 기회가 바로 왕의 버릇을 고쳐주어야 할 때다."

지혜로운 스승은 조리 있고 사려 깊게 궁전에 거북이가 떨어진 연유에 대해 설명을 하기 시작했다.

"왕이시여, 이 거북이는 하늘을 나는 백조와 친구였습니다. 그런데 거북이는 늘 하늘을 나는 백조가 부러워서 자신도 하늘을 날고 싶다고 하였습니다. 그런 거북이의 간절한 소원을 듣자 백조는 거북이에게 저 높은 히말라야 산까지 데려다 주겠다며 약속을 하였습니다. 그리고는 거북이의 입에 막대기를 물린 다음 그 양끝을 두 마리의 백조가 잡고 하늘로 날아올랐습니다. 그런데 기분이 너무 좋았던 거북이는 혼자 무슨 말을 중얼거리다가 그만 입에 물고 있던 막대기를 놓아 버리고 말았습니다. 그리고 거북이는 지상으로 떨어지고 말았습니다. 바로 이 거북이가 그 거북이입니다. 왕이시여, 이렇듯이 지나치게 말이 많은 사람은 언젠가 스스로 불행의 늪에 빠지게 되는 것입니다."

스승의 말을 들은 왕은 그제야 그 뜻을 알아차리고 지나친 말을 삼가게 되었다고 한다.

말은 하나의 표상입니다. 그러하기에 사람들은 자신의 말에 책임지는 자세를 견지해야 합니다. 아름다운 말을 하고 진실한 말을 함으로써 세상은 밝아짐을 유념하여 입을 조심하고 또 조심할 일입니다.

해담치익 선사는 노래합니다.

"입 다물면 분별도 적어질 테고, 기억하지 않아서 시비도 잊네. 온종일 귀머거리 바보인 듯이, 그 가운데 도가 절로 자라나리라."

겸손할 때 자신의 가치가
더욱 높아져

지혜로운 사람은
듣기 위해 몸을 굽히고
도를 좋아하는 이도
그것을 좋아하며
왕도 마음을 다해 섬기고
제석과 범천까지도
또한 그렇게 한다.

만일 조금 들어 아는 것 있다 하여
스스로 대단한 체하며
남에게 교만하게 굴면
마치 장님이 촛불을 잡은 것 같아
남은 비추어 주면서
자신은 밝히지 못한다.

― 법구비유경

위 게송은 『법구비유경』「다문품」에 나오는 이야기입니다.

　성인이 코삼비의 미음정사에 계실 때였다. 한 바라문 수행자가 있었는데 그는 지혜가 밝고 온갖 베다경전에 두루 통달하여 무슨 일이나 거리낌이 없었다. 그래서 그는 스스로 뽐내고 자랑하면서 상대를 찾아 다녔지만 감히 맞서는 사람이 없었다.

　그는 대낮에 횃불을 들고 거리를 다니기도 했었다. 사람들이 그에게 어째서 밝은 대낮에 횃불을 들고 다니느냐고 물으면 "세상 사람들이 모두 어리석고 어두워 눈을 뜨고도 보지를 못한다. 그래서 횃불을 켜서 비추어 주는 것이다."라고 대답하였다. 그런 그에게 감히 대꾸하려는 이는 아무도 없었다.

　성인은 그 바라문 수행자가 일찍이 복을 심었기 때문에 제도할 수 있음을 살펴 아셨다. 그렇지만 그는 자만심을 가지고 명예를 구하고 목숨이 덧없음을 알지 못했다.

　성인은 한 사람의 현자(賢者)로 변신하고 어떤 가게 앞에 서서 그 바라문을 불러 물어 보았다.

　"당신은 어째서 대낮에 횃불을 켜고 다니시오?"

　바라문은 의기양양하게 대답하였다.

　"사람들이 하도 우매해서 밝음을 보지 못하고 있소. 그래서 횃불을 들어 그들의 앞을 비추어 주는 것이오."

현자가 다시 물었다.

"경전에 네 가지 밝은 법이 있는데 당신은 그것을 아시오?"

바라문은 얼굴을 붉히면서 "무엇을 네 가지 밝은 법이라고 하는가?" 하고 반문했다.

현자는 말했다.

"첫째는 천문지리에 밝아 사계절의 조화를 아는 것이요, 둘째는 하늘의 별 밝아 오행(五行)을 가릴 줄 아는 것이며, 셋째는 나라를 다스리는 일에 밝아 교화하는 것이요, 넷째는 군사 거느리는 일에 밝아 국경을 튼튼히 하여 실수가 없는 것이요. 당신은 바라문으로서 이 네 가지 밝은 법을 갖추었습니까?"

바라문 수행자는 부끄러워하면서 들었던 횃불을 떨어뜨리고 고개를 수그렸다. 성인은 곧 본래의 모습으로 돌아와 그 바라문을 위하여 게송을 읊으셨다.

"조금 아는 것이 있다 하여 스스로 뽐내 남을 깔본다면 장님이 촛불을 든 것과 같아 남은 비추지만 자신은 밝히지 못하네."

바라문은 이 게송을 듣고 더욱 부끄러워하면서 성인께 귀의하였다. 그는 자신의 허물을 깨달았기 때문에 오래지 않아 아라한이 되었다.

진실로 지혜로운 이는 설사 어린아이의 말일지라도 귀를 기울일 줄 아는 겸손함이 있습니다. 진정으로 겸손할 때만이 도리어 자신의 가치가 높아짐을 깨달을 일입니다.

　진각 국사는 노래합니다.

　"드문드문 소나무 달빛 또한 밝아, 그윽한 골짜기 바람 족히 맑아라. 웃고 즐기며 마음대로 노니니, 높으나 낮으나 머무는 데마다 평안해."

지혜로운 이는 칭송과 비판에
흔들리지 않는다

굳은 의지와 신념에 차서
저 열반을 향해 걸어가는 사람
그리하여 감각적인 즐거움을 극복한 사람

그는 욕망의 거센 흐름을 역류하면서
열반! 저 영원한 기쁨을 향하여
힘차게 나아간다.

— 법구경

중국 남북조시대 양나라 무제는 많은 절을 창건하고 경전을 편찬하였으며, 스님들에게 정성스런 공양을 베푸는 데 게으름이 없는 불심 깊은 황제였습니다. 어느 날, 무제는 인도에서 온 달마 대사의 높은 덕을 흠모하여 궁으로 청하여 공양을 올린 후, 불법을 외호한 자신의 공덕이 얼마나 대단한가를 물었습니다.

"저의 공덕이 얼마나 큽니까?"

"전혀 공덕이 없습니다."

절대 권력자인 황제의 면전에서 조금도 위축됨 없이 '복을 지었다. 착한 일을 한다는 상에 끄달리면 진정한 공덕이 안된다'고 당당하게 꾸짖는 대사의 기개는 참으로 놀라웠습니다.

수행으로 지혜를 얻은 이는 칭송과 비판에 흔들리지 않고, 어떤 경우에도 자기 명분을 버리지 않고, 실패하더라도 부끄러워하지 않으며, 성공하더라도 교만하지 않고, 다만 현재에 최선을 다할 뿐입니다.

서산 대사는 노래합니다.

"만국의 도성은 개미집이요, 천추의 호걸은 초파리이네. 청허의 베갯머리에 흐르는 달빛, 끝없는 솔바람 소리 가이없네."

숯불은 홀로 있을 때
쉽게 꺼진다

숯불은 하나만 있을 때는
쉽게 꺼진다.
여러 숯이 함께 어우러져 있어야만
그 빛과 열이 오래 간다.
공부하는 사람(수행자)도
마찬가지다.

여러 대중들과 어우러져
함께 공부해야
그 기운으로 그 목표를
달성할 수 있는 것이다.
혼자 불로도 꺼지지 않을 때
그때 혼자서 가라.

— 숫타니파타

속담에 '백지장도 맞들면 낫다'는 말이 있습니다. 어떤 목표를 향해 나아갈 때 같은 목표를 지향하는 이들과 함께 한다면 한결 쉽습니다. 특히 수행자들에게 있어서는 더욱 그러합니다. 그래서 고인들은 도반(道伴)의 중요성을 누누이 강조합니다.

어찌 수행자들에게만 해당된다 할 것인가요? 인생을 살아가면서 뜻이 맞는 길동무가 있음은 최상의 행복이라 할 것입니다.

제월경헌 선사는 노래합니다.

"가을 깊은 산길에 비만 부슬부슬, 도반은 행장 챙겨 교외로 나가누나. 다행히 빌어 거둬 지낼 걱정 없었으면, 너무 늦어 적막함을 달래게는 하지 마소."

재물을 어떻게 쓰느냐에 따라
이익과 폐해 나눠져

재물이 지혜롭지 못한 자를 해치지만
피안을 구하는 자를 해치지는 못한다.
지혜롭지 못한 자는 재물에 대한 갈애로
자신뿐만 아니라 타인을 해친다.

— 법구경

재물의 유혹은 마약과 같아서 한번 맛을 들이면 헤어나오지 못하고 점점 깊게 빠져듭니다. 그동안 얼마나 많은 이들이 재물의 유혹에 빠져 가을 갈대처럼 초라하게 스러져 갔는가. 지혜로운 이는 재물의 폐해를 알기에 집착하지 않고 재물을 관리합니다. 재물을 잘 관리하면 재물에 덕이 붙어 자신은 물론 세상에 이익을 줍니다.

　그래서 성인께서는 "부주의하고 경박하게 재물을 모으는 것처럼 우리를 해치는 것은 없다. 하지만 절제하고 정직하게 재물을 모은다면 재물처럼 우리에게 도움을 주는 것도 없다."고 하셨습니다. 합니다. 재물을 잘 쓰면 자신과 세상을 이롭게 하지만, 잘못 쓰면 자신과 세상을 망치게 됨을 깊이 유념할 일입니다.

　세네카는 말합니다.

　"가난은 가진 게 너무 없는 게 아니라 원하는 게 너무 많은 것이다. 가진 돈이 줄면 골칫거리도 준다. 재물은 현자에게는 종, 바보에게는 주인이다."

거울에 분별이 없듯이
마음도 응당 그러해야

밝은 거울은
갖가지의 모습을 다 비추어 준다.
길고 짧고 크고 작고
거칠고 세밀한 것이
다 그 본래 모양에 따라서
형상을 나타내어
더하지도 않고 덜하지도 않는다.

이는 거울에
분별이 있어서 그런 것이 아니고
밝고 밝기 때문에
능히 모든 형상을 비춰 보인 것이다.
우리들의 마음도 이 거울과 같다.

— 화엄경

본래 우리 마음은 청정하건만 집착이라는 장애물에 걸려서 희로애락으로 하릴없이 세월을 보냅니다.

어떤 이는 집착이라는 장애물을 치우고 본래 청정한 마음으로 돌아가고자 정진하지만 엉뚱한 길에서 헤매기도 하고, 좌절하며 주저앉기도 합니다.

『대아미타경』에 이르길, "드넓은 바닷물이라도 쉬지 않고 퍼낸다면 언젠가 그 밑바닥을 보게 될 것이다." 하였으니, 바른 안목으로 힘써 정진하여 필경성불하소서!

무학 대사는 이릅니다.

"푸른 산 푸른 물이 나의 참모습이니, 밝은 달, 맑은 바람의 주인은 누구인가. 본래부터 한물건도 없다 이르지 마라. 온 세계 티끌마다 부처님 몸 아니런가."

비방은 화가 되어 돌아오고
칭찬은 복이 되어 돌아온다

남의 착한 일은 드러내 주고
허물은 숨겨 주라.
남의 부끄러운 점은 감추어 주고
중요한 이야기는 발설하지 말라.

작은 은혜라도
반드시 갚아야 할 것이며
자기를 비판하는 사람에게도
항상 착한 마음을 가져야 한다.

자기를 비판하는 자와
자기를 칭찬하는 자가
똑같이 괴로워하거든
먼저 비판하는 자를 구하라.

— 우바새계경

『출요경』에 이르길, "무지한 축생도 나쁜 말을 들으면 모두 근심하고 슬퍼한다."고 하였으며, 속담에도 '칭찬은 고래도 춤추게 한다'고 하였습니다. 학자들의 연구논문에 의하면 '아름다운 음악 소리를 들려준 식물은 그렇지 않은 식물보다 몇 배의 성장을 보인다'고 합니다. 이처럼 축생은 물론이려니와 식물조차도 좋고 나쁨을 분별하거늘 하물며 사람은 오죽할까요?

그런데 요즘 주변을 돌아보면 말을 함부로 하는 이들이 많습니다. 같은 말이더라도 되도록이면 칭찬의 말을 건네면 좋지 않을런지요? 칭찬은 그 무엇보다도 사람의 마음을 성숙시키는 강력한 동력입니다. 비방은 화가 되어 돌아오고 칭찬은 복이 되어 돌아옵니다. 어찌 칭찬에 인색할 것인가요.

『숫타니파타』는 이릅니다.

"좋은 말만을 하여라. 자기를 괴롭히지 않고 남을 해치지 않는 말만을 하여라. 그리고 상대의 좋은 점을 칭찬할 줄 알라. 그리하면 행복은 다가오리라."

이기고 짐을 떠나면
마음에 불편이 없다

싸움에 이기면 원수가 늘고
싸움에 진 괴로움은 잠자리도 불편하다.

이기고 짐을 둘 다 버리면
누우나 깨나 항상 마음 평온하리라.

— 잡아함경

가빌라성 동쪽에 로히니 강이 흐르고, 강 양쪽에 석가족과 코올리족이 사이좋게 살고 있었습니다. 그러다가 어느 해 여름 심한 가뭄이 들자 강 양쪽의 두 농부가 물을 먼저 쓰겠다고 다투다가 욕설이 오가고 주먹이 오갔습니다. 싸움이 점차 커져서, 마을 사람들이 떼 지어 나오고, 고을 사람들이 나오고, 마침내 두 나라 왕이 군대를 거느리고 나와 살육이 벌어질 판이었습니다. 이 소식을 듣고 성인께서 오셔서 두 왕에게 물었습니다.

"왕들이여, 이것은 무엇을 위한 싸움이오?"

두 왕은 말했습니다.

"물 때문입니다."

성인은 다시 그들에게 물었습니다.

"왕들이여, 물과 사람의 목숨, 어느 쪽이 더 소중하오?"

마침내 두 왕은 무기를 버리고 화해하였습니다. 두 나라 백성들은 서로 어울려 춤추며 돌아갔습니다.

이기고 짐을 떠나면 마음에 불편이 없습니다. 이기고 짐을 떠나면 적이 없습니다. 그래서 이기고 짐을 떠난 이를 '다툼을 여읜 장부'라 칭송합니다.

『중아함경』은 말합니다.

"서로 싸우지 말라. 만일 말로써 옳고 그름을 가리려 하면 한평생을 싸워도 끝이 없을 것이다. 오직 참는 것만이, 침묵하는 것만이, 진실로 언쟁을 끝낼 수 있게 하나니."

대지는 깨끗하고 더러움 분별없이 모든 것을 받아들인다

대지는 깨끗한 것도 받아들이고
더러운 똥과 오줌도 받아들인다.

그러면서도
깨끗하다 더럽다는 분별이 없다.

수행하는 사람도
마음을 대지와 같이 써야 한다.

나쁜 것을 받거나 좋은 것을 받더라도
조금도 싫어하거나 좋아하는
분별을 일으키지 말고
오직 사랑하고 가엾이 여기는
자비로운 마음으로 중생을 대해야 한다.

— 증일아함경

선가에 파자소암(婆子燒庵)이란 공안이 있습니다. 어떤 노파가 한 스님에게 암자를 지어 20년 동안 모시고 공양을 올렸습니다. 어느 날 스님의 공부를 시험하기 위해 딸을 암자로 보냈습니다. 스님은 젊은 처자가 갖가지로 애교를 부리고 꼬리를 쳐도 본체만 체 할 뿐이었습니다.

스님은 젊은 처자가 지금의 심경을 묻자 다음과 같이 말합니다.

"마른 나무가 찬 바위에 기대니, 한 겨울에도 따뜻한 온기가 없는 것과 같다."

처자는 스님을 칭송합니다.

"바닷물이 모두 없어지고 수미산이 기울어지는 한이 있어도, 스님의 뜻은 바꿀 수 없을 것입니다."

이팔청춘 한껏 물이 오른 처자가 갖가지 애교를 부리며 꼬리를 치는데도 불구하고 목석처럼 동하지 않는다니 참으로 대단한 일입니다. 그런데 딸로부터 이야기를 전해들은 노파는 '내가 그동안 떠돌이 중한테 속았다'며 암자에 불을 지르고 스님을 쫓아냈습니다. 참으로 이상한 일입니다. 왜 노파는 계율을 잘 지키고 열심히 정진하는 스님을 내쫓고 암자까지 불태웠을까요?

이 화두를 타파하면 번뇌덩어리 칠통을 깨뜨리고 해탈을 이룰 수 있다 하니 힘껏 참구할 일입니다.

『경율이상』에 이릅니다.

"보살이 산에 살 때에 인자한 마음으로 단정히 앉아 생각하며 움직이지 않았더니, 새가 정수리 위에다 알을 품었다. 보살은 새가 정수리에 있다는 것을 알고서 알이 떨어질까 하여 몸을 흔들거나 움직이지 않았다. 새가 날개가 난 다음에도 아직은 날 수가 없었으므로 끝내 버리고 떠나가지 않았다."

부지런함을
가보처럼 여기라

어리석어 지혜가 없는 사람은
게으름과 방종에 빠지고
생각이 깊은 사람은
부지런함을 가보처럼 여긴다.

스스로 자신을 일깨우라
스스로 자신을 보살피라
자신을 지키고 반성한다면
그대는 안락하게 살게 되리라.

자기야말로 자신의 주인이고
자기야말로 자신이 의지할 곳
그러니 말장수가 좋은 말을 다루듯이
자기 자신을 잘 다루라.

— 법구경

『논어』「계씨편」에 다음과 같은 내용이 나옵니다.

노나라 계씨가 전유를 침공하려 했다. 이 소식을 들은 공자
는 계씨의 가신으로 있던 자신의 제자 염유를 크게 꾸짖었다.
이에 염유가 말하기를, "전유는 비에 가까이 있고, 또 견고한
성이므로 지금 이 땅을 점령하지 않으면 뒷날 반드시 자손들
에게 걱정을 끼치게 된다."고 변명을 하였다.

공자는 염유의 이 말에 "내가 들으니 나라를 갖고 집을 가진
사람은 적은 것을 걱정하지 않고 고르지 못한 것을 걱정하며,
가난한 것을 걱정하지 않고 편안하지 못한 것을 걱정한다고
했다. 대개 고르면 가난한 사람이 없고, 서로서로 사이가 좋으
면 적이 없으며, 편안하면 서로 넘어지는 일이 없기 때문이다.
또 나는 두려워하건대 계씨의 근심은 전유에 있지 않고 담벽
안에 있을까 한다." 하고 밖으로 욕심을 부리는 사람은 안으로
부터 근심과 반란이 생긴다고 엄유를 꾸짖었다.

백수의 왕인 사자를 죽이는 것은 외부의 다른 무엇이 아니라
자신의 내부에서 자라고 있는 충(蟲)입니다. 아무리 밖에 귀한 보
배가 있어도 안을 잘 다스리지 못하면 결국은 화의 근원이 될 뿐
이니, 밖으로 치달림을 자제하고 안을 잘 살피고 보듬는 것이 지
혜로운 이의 처신입니다.

『중일아함』은 이릅니다.

"욕망을 효과적으로 절제하고 자유로워질 때 '진정한 행복'이 온다. 집착을 버리면 고통이 줄어들고 나쁜 업을 짓지 않아 윤회를 벗어난다."

실패를 두려워 말고
좌절을 두려워 하라

하루는 광음이 짧다고
그것을 헛되이 보내지 말라.
하루를 버리는 것은
하루 동안 그대의 생명을 버리는 것과 같다.

— 장로계경

우리네 일상을 살펴보면 무의미하게 시간을 낭비하며 보내는 경우가 많습니다. 하지만 인생은 그처럼 허송세월 할 만큼 무한정한 시간이 주어진 것이 아닙니다. 모든 것은 쉬지 않고 변합니다. 잠깐 한눈팔다 보면 어느새 머리는 백발이 됩니다. 극단적으로 말한다면 눈 한 번 깜박이고 숨 한 번 내쉬는 순간에 인생은 끝나 버리고 맙니다.

그래서 성인께서는 "매일매일 방일하지 말고 정성을 다하여 간절한 마음으로 살라."고 이르십니다. 오죽하면 옛 선사들은 하루해가 지면 두 다리를 뻗고 통곡을 하였을까요? 우리 인생은 그저 태어났으며 그저 살아갈 수밖에 없는 것이 아닙니다. 무엇인가 목적이 있고, 그것을 이루어 가기 위해서 살아가는 것이 인생입니다.

그래서 옛 어른들은 "인생을 살면서 실패를 두려워할 필요는 없다. 단지 좌절을 두려워하라." 하십니다. 진정 자신을 사랑하는 이는 적극적이고 능동적으로 삶을 일구는 데 게으르지 않습니다.

『자타카』는 말합니다.

"이 세상 모든 것은 덧없이 흘러가니, 이를 가리켜 나고 죽는 진리라 하네. 나고 죽는 것 그것마저 없어져 버리면, 이를 가리켜 고요한 즐거움이라 하네."

04

제4장.

수행하는 불자의

삶

몸의 행동은 모두가
마음에서 일어난다

마음이 안정되어 있지 않고
진리를 알지 못하고
마음의 고요가 깨진 사람에게
지혜는 완성되지 않는다.

― 법구경

중국 송나라 때, 도원 스님이 저술한 『경덕전등록(景德傳燈錄)』에 남악회양 선사와 마조도일 선사에 얽힌 '마전성경(磨磚成鏡)' 일화가 나옵니다.

중국 당나라 때, 남악회양 선사에게 도일이라는 선승이 찾아왔다. 회양 선사는 도일이 법기임을 알아보고는 그에게 가서 물었다.

"수좌가 좌선하는 것은 무엇을 도모함인가?"

"부처가 되려 합니다."

회양 선사는 이에 벽돌을 하나 주워서 암자 앞의 바위 위에서 갈기 시작하였다.

도일이 물었다.

"벽돌은 왜 갑니까?"

"거울을 만들려 한다네."

"벽돌을 갈아서 어찌 거울을 만들 수 있습니까?"

"벽돌을 갈아서 거울이 되지 않는다면, 좌선한다고 어찌 부처가 되겠느냐?"

"어떻게 해야 됩니까?"

"만일 소가 수레를 끄는데, 수레가 움직이지 않는다면 수레를 쳐야 하는가, 소를 쳐야 하는가?"

도일은 회양 선사의 가르침에 몰록 깨달음을 얻었다.

몸의 행동은 모두가 마음에서 일어납니다. 마음을 고르게 하면 몸은 절로 따라옵니다. 마음이 바른 사람이라야 도를 얻을 수 있음을 유념하소서!

설두중현 선사는 노래합니다.

"소대가리로 사라졌다 말대가리로 돌아오나니, 조계의 거울 속엔 티끌 먼지 전혀 없다. 잘 보라고 북을 두드려도 그대 못 보나니, 봄이 오면 꽃들은 누굴 위해 피는가."

도는 삼업을 청정히 닦아
언제나 행복함 얻는 길이다

독경하지 않으면 경전에 때가 묻고
수리하지 않으면 집에 때가 묻으며
옷차림을 게을리 하면 용모가 때 묻고
방일하면 수행자가 때 묻는다.

그러나 이러한 더러운 때 중에서도
가장 더러운 때는 무명(無明)이니
수행승들이여! 이 더러운 때를 씻어
때가 없는 청정한 사람이 되라.

— 법구경

사람들은 복(福)과 도(道)를 혼동합니다. 그래서 '복을 짓는 것이 바로 도를 닦는 것'이라고 생각합니다. 하지만 복은 복대로 받고 화는 화대로 받는 것이 인과의 법칙이지만, 도는 삼업(三業)을 청정히 닦아 복과 화를 뛰어넘어 언제나 행복 가득함을 얻고자 하는 것이기 때문입니다.

『육조단경』에 이릅니다.

"어리석은 사람은 복은 닦고 도는 닦지 않으면서 복을 닦음이 곧 도라고 말한다. 보시 공양하는 복이 끝이 없으나 마음속 삼업(三業)은 본래대로 남아 있도다. 만약 복을 닦아 죄를 없애고자 하여도 뒷세상에 복은 얻으나 어찌 죄가 따르지 않으리오. 만약 마음속에서 죄의 반연 없앨 줄 안다면 저마다 자기 성품속의 참된 참회니라. 만약 대승의 참된 참회를 깨치면 삿됨을 없애고 바름을 행하여 죄 없어지리.

도를 배우는 사람이 능히 스스로 보면 곧 깨친 사람과 더불어 같도다. 오조께서 이 단박에 깨치는 법을 전함은 배우는 사람이 같은 한 몸 되기를 바라서이다. 만약 장차 본래의 마음을 찾고자 한다면 삼독의 나쁜 인연을 마음속에서 씻어 버려라. 힘써 도를 닦아 유유히 보내지 말라. 세월이 헛되이 지나 곧 한 세상 끝나리니 만약 대승의 단박 깨치는 법을 만났거든 정성들여 합장하고 지극한 마음으로 구하라."

인과는 순환하여 복력이 다하면 다시 화가 찾아옵니다. 끊임

없이 순환하는 복과 화의 윤회를 소멸하는 방법은 오직 삼업을 청정히 하여 도를 이루는 것입니다. 도를 이루기 위해선 수행을 행해야 합니다. 수행은 삼업(三業 몸으로 짓는 업, 입으로 짓는 업, 마음으로 짓는 업)을 육바라밀(六波羅蜜, 여섯 가지의 수행법)로 녹이는 것을 말합니다. 몰록 도를 이루어 위없는 행복을 누리소서!

부설 거사는 노래합니다.

"눈으로 보는 바가 없으니 분별이 없고, 귀로 듣는 소리 없으니 시비가 끊어졌다. 분별 시비를 모두 놓아 버리니, 다만 심불이 스스로 귀의함을 보더라."

수행이 깊으면 탐욕과 갈망은
쉽게 스며들지 못하나니

마치 성글게 이은 지붕에
비가 쉽게 스며들듯이
굳게 수행하지 않은 마음에
탐욕과 갈망은 쉽게 스며든다.

마치 튼튼하게 이은 지붕에
비가 쉽게 스며들지 못하듯이
굳게 수행된 마음에
탐욕과 갈망은 쉽게 스며들지 못한다.

— 법구경

불가에서는 부처님께서 제정하신 계율을 중히 여깁니다. 계는 마음속 깊이에서 우러나는 선을 향한 가치관과 윤리관을 확립케 하는 기둥이기 때문입니다.

『중아함경』에 이르길, "계를 가지는 것은 사람으로 하여금 뉘우치지 않게 하는 데 뜻이 있고, 뉘우치지 않게 하는 것은 사람으로 하여금 즐거워하게 하는 데 뜻이 있다. 즐거워하게 하는 것은 사람으로 하여금 그치게 하는 데 뜻이 있다."고 합니다.

생명의 존엄성과 타인에 대한 존중과 배려, 욕망을 절제함으로써 얻어지는 맑은 정신은 인간생활을 한층 높은 정신세계로 이끄는 원동력이니 어찌 계를 지킴에 게으름이 있으리오!

태고보우 선사는 노래합니다.

"지난 해 소 먹이며 언덕 위에 앉았을 때, 냇가에 풀은 향기롭고 부슬부슬 비 내렸지. 올해엔 소 풀어 놓고 언덕 위에 누웠더니 푸른 버들 그늘 아래 더운 기운도 스러졌네. 늙은 소를 어디에 풀어 먹일지 모르겠으니 고삐를 놓아 버리고 한가로이 무생가 한 가락을 노래하노라. 고개 돌리니 먼 산에는 붉은 노을이 걸렸고, 봄 다한 산속에는 곳곳에 낙화 바람이 불어온다."

집착을 벗어버릴 때
비로소 진리의 본체를 볼 수 있다

사람들은 흔히 깨끗하고
더러움에 차별을 둔다.
그러나 사물의 본성은
깨끗한 것도 더러운 것도 아니다.

우리 마음이 집착하기 때문에
깨끗한 것을 가까이하고
더러운 것을 멀리하는 것이다.

이것은 방편일 따름
집착하는 마음을 떠나서 보면
모든 존재는 다 깨끗하다.

― 대품반야경

사람들은 진리를 추구합니다. 하지만 진리는 마치 공기처럼 만질 수도 볼 수도 없으니 참으로 답답한 일입니다. 하지만 편견을 버리면 진리는 저절로 오롯이 드러납니다.

달마 대사는 『오성론』에 이릅니다.

"깨닫지 못했을 때는 사람이 법을 따르지만, 깨달았을 때는 법이 사람을 따른다. 사람이 법을 따르면 법도 법답지 못하게 되지만, 법이 사람을 따르면 법답지 못한 것도 법이 된다. 만약 사람이 법을 따르면 모든 법이 번뇌 망상이 되고, 법이 사람을 따르면 모든 법이 참이 된다. 그래서 성인은 법에 집착하지 않고 법을 찾는다."

산을 제대로 보기 위해선 멀리에서 산을 바라보아야 합니다. 진리도 그와 같아서 집착을 벗어버릴 때 비로소 진리의 본체를 볼 수 있습니다. 집착이라는 껍질을 벗어 버리고 걸림 없는 진리의 삶을 누리소서!

승찬 대사는 노래합니다.

"지극한 진리는 어려울 게 없네. 옳고 그름을 가리지 말게. 좋고 싫음을 떠나서 있게. 비로소 눈이 뜨여 새 세상이 열리리."

우주의 모든 법은 마음에 있고
마음 밖에 있지 않아

인간으로 태어나는 것도 어렵고
인간으로 살아가는 것도 어렵다.
진리를 듣는 것은 더욱 어렵고
깨닫고 일어나 따르는 것은 더더욱 어렵다.

악행을 멈추고 선행을 익히라.
말이나 행동으로 남을 해치지 마라.
알맞게 섭생하라.

내면의 고독 안에서 살라.
가장 깊이 있는 의식을 추구하라.
그러면 마음이 정화되리라.

— 법구경

참선 수행자들의 지침서로 널리 알려진『목우자수심결(牧牛子修心訣)』은 고려시대 보조 국사가 저술한 수행서입니다. 내용은 '마음을 닦는 방법과 마음이 무엇인가를 밝히기 위한 방법'을 제시했습니다. 내용을 요약하면 다음과 같습니다.

　"요즘 사람들은 자기의 마음이 참 부처인 줄을 모르고, 자신의 밝은 성품이 참다운 진리인 줄을 모른다. 진리를 구하려 하면서도 높은 성인들만이 얻는 줄로 여기고, 부처를 찾으면서도 자신의 마음을 살피지 않고 먼 곳에서만 구하려 한다.

　'마음 밖에 부처가 있고, 성품 밖에 진리가 있다'고 말한다면 그 사람은 아무리 오랜 세월동안 부처님 전에 몸을 불사르고, 팔을 태워 공양하고, 뼈를 부수어 골수를 내 피로 먹을 삼아 경전을 쓰고 하루에 한 끼만 먹고 눕지도 않고, 항상 선정을 닦고, 모든 경전을 다 읽고, 온갖 고행을 닦는다 할지라도, 그것은 모래를 삶아 밥을 짓는 것과 같아서 고생만 할 뿐, 아무런 이익이 없는 어리석은 일이다. 오직 이 마음이 부처인 줄 알면 구하지 않아도 저절로 얻게 될 것이다.

　그러므로 부처님께서 말씀하시길, "일체 중생들은 모두 부처님의 지혜와 덕을 갖추고 있을 뿐 아니라, 모든 중생들의 허망한 생각까지도 모두 부처님의 원만히 깨달은 마음에서 나왔다."고 하셨다.

　마음의 성품은 깨끗하여 번뇌망상에 물들지 않아 본래부터

스스로 원만히 성취된 것이니, 오직 망령된 생각만 버리면 곧 그대로가 부처인 것이다."

보조 국사는 "우주의 모든 법은 마음에 있는 것이요, 마음 밖에 있는 것이 아니다."고 하셨습니다.

탐냄과 성냄과 어리석음을 여의면 오롯이 부처의 성품이 드러날 것이니 어디에서 따로 부처를 찾을 것인가요.

장로게에 이릅니다.

"너의 마음이 바위와 같아지면 더 이상 흔들림은 없다. 모든 것이 흔들리는 세상에서 너의 마음이 가장 좋은 친구이니, 고통도 네가 가는 길을 막지 못하리."

어둠 속에 보물이 있어도
등불이 없으면 볼 수 없다

진실을 진실인 줄 알고
진실 아닌 것을 아닌 줄 알면
이런 사람은 그 바른 생각 때문에
마침내 진실에 이를 수 있다.

— 법구경

부처님을 칭하는 명호가 열 가지인데, 그 명호마다 각각의 의미가 함축되어 있습니다. 그중 천인사(天人師)는 신(神)들과 인간의 스승이란 뜻입니다. 부처님은 인간뿐만 아니라 하늘의 신 및, 일체 중생에게까지 가르침을 베풀어 그 모두로 하여금 깨달음과 해탈의 세계에 이르도록 이끌기 때문입니다.

그처럼 위대한 인천(人天)의 스승인 부처님의 가르침은 눈 밝은 제자들의 전법의지로 끊어지지 않고 오늘날까지 면면히 이어져 그 빛을 발하고 있습니다.

『화엄경』에 이릅니다.

"어둠속에 보물이 있어도 등불이 없으면 볼 수 없는 것처럼, 성인의 가르침도 설명해 주는 사람이 없으면 비록 지혜가 있어도 능히 알 수 없다. 눈에 백내장이 있으면 아름다운 색깔을 볼 수 없는 것처럼, 마음이 맑지 않으면 모든 성인의 가르침을 볼 수 없다."

부처님 법에 의지하여 미혹된 마음을 맑히고, 부처님 가르침을 널리 펼쳐 중생을 이익 되게 하는 것은 출가사문의 본령입니다. 온 세상 사람들이 전도몽상(顚倒夢想)을 여의고 아름답게 살아가길 지심 발원합니다.

진각혜심 선사는 노래합니다.

"마음은 새벽같이 깨어 있되 입은 항상 다물어라. 바보를 친구같이 하면 깨달음이 오리니. 송곳 끝 날카롭되 튀어나오지 않게 하면, 한 소식 전하는 진정한 수행자니라."

부처님 명호 천 번 칭함보다
한 번의 행동이 중요하다

이쪽 기슭도 없고
저쪽 기슭도 없고
두려움도 없고
속박도 없는 사람을
나는 진정한 수행자라 부른다.

— 법구경

달마 대사에 의해 중국에 선법(禪法)이 전래된 후, 그 가르침은 널리 퍼져 오늘에까지 이르렀습니다. 달마 대사로부터 전해진 선법을 이어받은 5조 홍인 대사가 어느 날 제자들에게 일렀습니다.

"그대들 가운데 한 사람에게 내 선법을 계승시켰으면 한다."

그때에 대사의 고제 중 한 사람인 신수가 자신의 깨달음을 게송으로 지어 스승이 언제나 지나는 복도에다 붙여 놓았습니다.

"몸은 깨달음의 나무요, 마음은 밝은 거울바탕일세. 때때로 털고 부지런히 닦아서, 먼지가 끼거나 때 묻지 않도록 하세."

홍인 대사는 신수의 게송을 보신 후 "이 게송을 외우면 악도를 면하고 그대로 행하면 견성하게 된다."고 하셨습니다.

이를 본 다른 이들은 일제히 신수 대사를 칭찬했습니다. 이때 그 말을 전해들은 혜능이 다음 날, 몰래 신수의 게송 옆에 하나의 게송을 지어 붙였습니다.

"깨달음에 본래 나무가 없고, 밝은 거울 또한 틀이 아닐세. 본래 한물건도 없는데, 어느 곳에서 먼지 끼고 때가 묻을까?"

홍인 대사는 혜능을 불렀습니다.

"너에게 의발을 전하니 잘 보호하고 지켜서 널리 중생을 제도하여 앞으로 끊어짐이 없도록 하라. 달마 대사가 인도에서 중국으로 건너오셨을 때, 사람들이 믿지 않으므로 의발을 전하여 믿음의 바탕을 삼으셨느니라. 그 후 대대로 전해 내려온 것이니라.

법이란 마음으로 마음에 전하여 스스로 깨닫고 스스로 알게 하는 것이다. 예부터 부처와 부처가 오직 본체를 전하셨고, 조사와 조사가 은밀히 본심을 전하셨다. 이제 이 가사는 서로 다투는 조건이 되기 쉬우니 너에게서 그치고 전하지 말라."

대사는 혜능에게 게송을 설하셨습니다.

"유정이 와서 씨를 뿌리니 땅으로 인해 열매가 도리어 나네. 무정은 이미 씨앗 없으니 성품도 없고 태어남도 없노라."

참된 법은 말로 표현할 수 없고 오직 마음과 마음으로 통할 뿐입니다. 이를 심인(心印)이라 이릅니다. 즉, 글이나 말에 의지하지 않은 불타 내심의 실증을 말합니다.

진실한 믿음은 겉에 드러나는 것보다도 그 사람의 마음가짐에 있습니다. 아무리 입으로 백 번 천 번 부처님 명호를 부른다 할지라도 마음에서 우러난 행동이 따르지 않는다면 무슨 득이 될까요?

요즘 코로나 사태로 불자님들이 절에 오셔서 부처님께 기도를 올리기가 어렵습니다. 하지만 마음이 견고하면 서 있는 그곳이 바로 부처님이 모셔진 절입니다. 형상에 걸림 없는 여여한 날 되소서!

서산 대사는 노래합니다.

"모래 쪄서 밥 지으며 벽돌 갈아 밥 지으랴. 밥을 이야기해도 배부를 수 없으니 몸소 애쓰지 않으면 아무 것도 안 되네."

인생에서 가장 소중한 일은
자신을 다듬는 것

깨어 있는 이에게 밤은 길고
고달픈 자에겐 지척도 천리.
바른 진리를 알지 못하는
어리석은 사람에게
윤회의 길은 멀어라.

— 법구경

세상엔 '자신을 잘 다듬지 못하는 이들'이 있습니다. 자신을 다듬지 못하는 이는 경계를 당하면 이리저리 부딪히고 쓰러집니다. 그래서 부처님께서는 『아함경』에 "자신을 잘 다듬어라."라고 이릅니다.

총명하고 재주가 뛰어난 바라문 한 사람이 있었습니다. 이 사람이 하루는 탁발을 마치고 돌아오는 부처님을 길가에서 만나게 되었습니다. 그 전부터 부처님에 관해 많은 이야기를 듣고 있었던 바라문은 교만한 마음으로 부처님께 물었습니다.

"당신은 어떤 재주를 익히고 다듬는 사람입니까?"

부처님께서 대답하셨습니다.

"나는 내 자신을 다듬는 재주를 익히고 있소. 운하의 기사는 물을 이끌어 들이고, 활 만드는 사람은 화살을 곧게 만들며, 목수는 나무를 깎아 다듬소. 이와 같이 현자는 자신을 다듬는 것이오."

인생에서 가장 소중한 일은 자신을 다듬는 것입니다. 자신을 다듬지 않으면 쓸모를 잃기 때문입니다. 자신을 잘 다듬어 언제 어디서나 빛나는 멋진 인생이 되소서!

나옹혜근 선사는 노래합니다.

"일천 강에 물 있으면 일천 강에 달이 있고, 만 리에 구름 없으면 만 리 모두 하늘이라네."

그 어떤 절대자나 절대자의 계시
따위에 의존하지 말라

믿음은 다른 것에 물들지 않고
오직 사람을 현명하게 할 뿐이다.
좋은 것이면 곧 배우고
좋지 않으면 멀리하라.

— 법구경

『열반경』에 이르길, '그 어떤 절대자나 절대자의 계시 따위에 의존하지 말고, 스스로 마음의 등불을 밝히고 법의 등불을 밝히라'고 하십니다.

부처님께서 10년 동안 수행하고 제자들을 45년이나 가르치고 난 후, 열반을 앞두었을 때, 제자 중 마하가섭은 부처님께 간청했다.

"아직 돌아가시면 안 됩니다. 제발 영원히 우리들 곁에 있어 계속 법륜을 굴려주옵소서."

부처님께서 말씀하셨다.

"나는 가야 할 때가 되었다. 나는 45년 동안 설법을 하였지만 단 한 번도 너희들에게 가르친 것이 없다. 이미 나의 설법은 너희가 가지고 있는 것이거늘, 나는 새로운 것을 만들어 설법을 하지 않았다."

마하가섭이 다시 여쭈었다.

"부처님께서 가시면 이제 누구에게 설법을 들어야 하옵니까?"

부처님께서 말씀하셨다.

"45년 동안 그렇게 설법을 하였는데도 아직 모르겠는가? 나는 너희들을 가르쳤지만 아무것도 가르친 것이 없다. 있다 해도 마하반야바라밀이란 단지 그 이름뿐이다."

마하가섭이 다시 여쭈었다.

"부처님께서 돌아가시면 이젠 누가 우리들을 가르칠 것입니까?"

부처님께서 다시 말씀하셨다.

"스스로 마음의 등불을 밝히고, 내가 설한 법의 등불을 밝히라. 그리하면 사바세계가 극락으로 변하는 묘용을 보리라."

부처님께서는 '너희들 마음속에 있는 것 그대로를 꺼내어서 다시 들려주었을 뿐, 그 이상의 설법도 하지 않았다'고 하셨습니다. 또한 '그 어떤 절대자나 절대자의 계시 따위에 의존하지 말고, 스스로 마음의 등불을 밝히고 법의 등불을 밝히라'고 하십니다.

자기 자신에 내재된 존엄성을 발현하여 몰록 극락을 이루소서!

청매인오 선사는 노래합니다.

"서릿발 같은 칼날로 봄바람 베니 눈 쌓인 빈 뜰에 붉은 잎 떨어지고, 이 가운데 옳고 그릇됨을 가리면 서리에 묻힌 반달이 서쪽 봉우리에 걸리네."

자신을 찍는 도끼를 향해서도
향기를 내뿜는 사람이 되라

향나무 같은 사람이 되어라.
훌륭한 사람이란
향나무 같은 사람이다.
자신을 찍어 내리는 도끼를 향해
향기를 내뿜는 사람이 되라.

— 법구경

『아함경』에 이르길, "스스로 착한 행동을 하는 것이 진실로 자기를 보호하는 것이요, 스스로 악한 행동을 하는 것은 자기를 내던지는 것이다."라고 합니다. 코로나 사태로 어려움을 겪는 중국 우한에 거주하는 동포들을 따뜻하게 맞이하는 국민들의 모습은 감동이었습니다. 그들은 무사히 격리생활을 마치고 퇴소하며 '한국에 돌아와 다행이며 지켜줘서 고맙다'는 감사의 말을 전했습니다. 어려운 이들을 보듬어 주면 그 복력이 도로 나에게 돌아오니 어찌 행하지 않으리오!

소요태능 선사는 노래합니다.

"흰 구름 끊긴 곳 여기가 푸른 산이요, 해가 지는 하늘가 새는 홀로 돌아오네. 세월 밖의 자비로운 모습 언제나 느끼고 뵈오니, 목련꽃 피는 날에 물은 졸졸 소리 없이 흐르네."

부지런히 노력하는 것을
즐기면 행복이 함께 하니

항상 새벽처럼 깨어 있어라.
부지런히 노력하는 것을 즐겨라.
자기의 마음을 지켜라.

자기를 위험한 곳에서 구출하라.
진흙에 빠진 코끼리가
그 자신을 끌어내듯.

— 법구경

수행자들이 행하는 수행법 중에 경행(經行, 일정한 장소에서 이리저리 걸어 다니는 것)이 있습니다. 경행은 걷는 중에도 계속하여 화두를 참구하기 때문에 좌선(坐禪)에 대비하여 행선(行禪)이라고도 합니다. 걷는 것은 수행뿐만 아니라 심신의 건강에도 유익합니다.

『칠처삼관경』에 '걷는 일의 다섯 가지 미덕'이 나옵니다.

"첫째는 능히 달릴 수 있는 힘이 생기는 것이고, 둘째는 몸에 활력이 생김이며, 셋째는 졸음을 쫓아 깨어 있을 수 있음이요, 넷째는 음식의 소화가 잘 되어 몸의 조화를 이룸이요, 다섯째는 선정의 마음을 얻기 쉬움이다."

들숨과 날숨을 관찰하며 한 발 한 발 걷다보면 온 몸의 숨구멍이 열리며 번뇌의 찌꺼기들이 빠져나가고, 그 자리엔 신선한 기운들로 채워집니다. 설날 고향의 지기를 흠뻑 맡으며 걸어보는 행복을 누려보소서!

태고보우 선사는 노래합니다.

"세상에 누가 푸른 구름처럼 한가하리. 언제나 맑은 허공 속에 서늘한 달 마주하네. 사해가 내 집인데도 아무 일 없고 평생토록 가고 멈춤이 조금도 걸림 없네."

화와 복은 스스로 짓고
스스로 받는 것이다

사람이 복 짓는 일을 하게 되거든
당연히 자주 자주 지어야 한다.
그 뜻에 모름지기 즐거움이 있으니
그 복의 과보가 저절로 오느니라.

— 법구경

사람들은 복이 들어오게 해달라고 하늘에 기원합니다. 그런데 복이란 기원한다고 들어오는 것이 아닙니다. 복은 스스로 짓고 받는 것이기 때문입니다. 복이 들어오길 원한다면 복을 지으십시오. 복을 지으면 복은 저절로 들어옵니다. 복을 짓는 제일의는 선행임을 유념하소서!

　보조지눌 선사는 노래합니다.

　"다만 뜬구름 부귀를 마음에 두지 말고 안으로 심어 정성스레 가꾸면 결실을 거두나니, 이 도리를 알아야 복을 짓나니!"

봄볕이 비치지 않는 곳에는
꽃이 피지 않는다

부지런히 수행하고 깊이 생각하고
말과 행동이 맑고 신중하며
스스로 억제하고 진리대로 사는
근면한 사람은 그 이름이 빛난다.

항상 게으르지 않고
스스로 자제할 줄 아는
지혜 있는 사람은
홍수로도 밀어낼 수 없는
성을 쌓는 것과 같다.

어리석어 지혜가 없는 사람은
게으름과 방종에 빠지고
생각이 깊은 사람은
부지런을 가보처럼 지킨다.

— 법구경

수행은 출가자만의 전유물이 아닙니다. 세속에서도 얼마든지 열반의 경지를 이룰 수 있습니다. 별역 『잡아함경』에 이르길, "처자 권속을 거느리고 세속에 살아가면서 재물을 얻기 위해 갖가지 사업에 힘쓰더라도 법을 얻을 수 있는 길은 항상 열려 있다. 삿되지 않고 바르게 집중하여 비추어보는 힘을 갖추기만 한다면 번잡한 세속에서도 삼매를 얻을 수 있으며, 세속에 살면서도 집착을 놓아버릴 수 있는 지혜로운 사람이라면 하루 속히 열반의 고요함을 증득할 수 있다."고 하였습니다.

하지만 세속살이는 이것저것 걸리는 것들이 많기 때문에 보통의 정진력으로는 열반의 경지에 이르기가 쉽지 않습니다. 하지만 그러한 장애물을 오히려 정진의 계기로 삼고 드디어는 열반을 이룬 이들이 있습니다.

신라 진덕여왕 때 부설 거사가 있었다. 어려서 불국사의 원정 선사에게 득도하였다. 그는 어느 날 도반인 영조, 영희 스님과 함께 오대산으로 수행길을 떠났다. 고향인 만경(萬頃) 못미처 두능이라는 데를 지나다가 날이 저물어 구씨라는 사람의 집에서 하룻밤을 묵어가게 되었다.

그런데 이 구씨 집에는 묘화라는 벙어리 딸이 있었다. 묘화가 하룻밤 묵어가는 세 수도승 가운데 부설을 보고 반하여 결혼하여 줄 것을 간청하였다. 그러나 큰 뜻을 품고 수도의 길을 떠나는 부설이 들어 줄 리가 없었다. 묘화가 간청하길 "그대가 불도를 닦아서 많은 중생을 구제하려고 하면서 소녀의 작은 소망도 들어주지 못하니, 내가 만일 죽게 된다면 장차 어찌 큰 뜻을 편다 하겠습니까?"라고 하였다.

부설은 '이것도 숙세의 인연이로구나!' 생각하며 묘화와 결혼을 하게 되었다. 그가 사는 마을 하늘엔 언제나 하얀 눈이 떠돌아 다녔다 하여 사람들은 두릉리 마을을 부설촌(浮雪村)이라 부르게 되었으며 부설 거사의 법호도 여기에서 따왔다고 전한다. 묘화와 결혼한 부설 거사는 등운과 월명이라는 아들과 딸을 낳았다. 후에 부설 거사의 아들은 등운암을, 딸은 월명암을 짓고 수행을 하였다고 전한다.

부설 거사는 결혼생활을 하는 중에도 멈추지 않고 수행정진에 열심이었다. 어느 날, 오대산으로 떠났던 영조와 영희 두 스님이 부설 거사를 찾아왔다. 두 스님이 말하였다.

"우리는 오대산에서 수행을 마치고 돌아오는 길이네만, 자네가 여자에게 빠져서 이리 되었으니 참으로 안타까운 일이 아닐 수 없네."

이 말을 들은 부설 거사는 두 스님을 뒤뜰로 모시고 나가서 줄에 물병 3개를 매달고 말했다.

"스님들의 수행성과를 보게 지팡이로 물병을 쳐 보시오."

두 스님이 물병을 치자 물병이 깨지면서 물이 바닥으로 쏟아졌다. 이때 부설 거사가 지팡이로 물병을 치니 병은 깨졌지만 물은 병 모양으로 매달려 있었다. 부설 거사가 말했다.

"생사윤회하는 범부는 병이 깨어지면 쏟아지는 물과 같이 흩어지지만, 진리의 성품을 제대로 아는 이는 병이 깨어져도 물은 쏟아지지 않듯이 세속에서도 수행의 진면목을 간직하는 것입니다."

두 스님은 자신들의 수행력이 부족함을 부끄러워하며 부설 거사에게 가르침을 청했다. 거사는 팔죽시(八竹詩)를 지어 수행의 살림살이 면목을 보여주었다.

"이런대로 저런대로 되어가는 대로, 바람 부는 대로 물결치는 대로, 죽이면 죽 밥이면 밥 이런대로 살고, 옳으면 옳고 그르면 그른 대로 보고, 손님 접대는 집안 형편대로, 시정 물건 사고파는 것은 세월대로, 세상만사 내 마음대로 되지 않아도 그렇고 그런 세상 그런대로 보낸다."

부설 거사는 진리의 세계와 세속의 일이 둘이 아닌 진속불이(眞俗不二)의 경지를 보여주니, 참으로 진흙탕 속에서 피어나는 연꽃의 아름다움을 일깨워줍니다. 오늘도 멋진 날 되소서!

경허 선사는 노래합니다.

"세속과 청산 중 어느 곳이 수행에 좋을까? 봄볕이 비치지 않는 곳에는 꽃이 피지 아니하느니라."

도를 구하고자 하면
깨끗한 행이 있어야

지혜가 모자라는 사람은
관능에 빠지기 쉽지만
마음을 재산처럼
소중히 여기는 사람은
날로 정진한다.

— 법구경

『법구경』「진구품」에 '어떤 게으른 사람' 이야기가 나옵니다.

옛날에 어떤 사람이 있었는데 형제가 없었다. 그 부모는 이를 가엾게 여겨 어떻게든지 사람을 만들려고 스승에게 보내 공부를 시켰다. 그 사람은 교만하고도 게을러서 공부에 마음이 없어 아침에 배우고는 저녁에 내버려 몇 해를 지나도 얻는 것이 없었다. 부모는 도로 불러 집안일을 보살피게 했다. 그러나 집안일에도 힘쓰지 않고 되는대로 버려두었다. 드디어는 살림을 팔고 방탕한 생활을 하면서도 부끄러운 줄을 몰랐다. 사람들은 그를 미워하여 말도 건네지 않았다.

그러나 그는 자기의 잘못을 모르고 도리어 남을 허물하고, 부모를 원망하고, 스승이나 친구를 꾸짖고, 조상과 신령이 도와주지 않는다고 성내고, 드디어는 부처님에게 복을 빌기 위해서 부처님 계신 곳으로 나아갔다.

부처님께서 말씀하셨다.

"대개 도(道)를 구하고자 하면 깨끗한 행(行)이 있어야 한다. 네가 속세의 때를 가지고 우리 도에 들어온댔자 아무 소득이 없을 것이다. 차라리 집에 돌아가 부모에게 효도하고, 스승의 가르침을 익혀 외고, 집안일을 부지런히 돌보고, 나쁜 일을 짓지 않고, 말이나 행실을 삼가고, 마음을 잡아 하나를 지키는 것이 나을 것이다. 이렇게 마음을 가져 행하면 곧 도를 얻을 것이다.”

아무리 훌륭한 스승을 만나 가르침을 받을지라도 그 가르침을 힘써 행하지 않는다면 무슨 소용이 있으리오? 마음을 깨끗이 하고 배운 것을 힘써 실천할 때 비로소 성취의 기쁨을 맛볼 수 있음을 유념하소서!

허응보우 선사는 노래합니다.

“도는 몸에 있는 것, 산에 있지 않나니. 이 세상 속에서 넉넉한 마음이면 이것이 진정한 기쁨이네. 방 거사는 아내와 딸이 있는 몸으로서 저 시장바닥을 선방으로 삼아 수행을 했네.”

목숨이 밤낮으로 줄어드니
부지런히 힘써라

늙으면 가을 나뭇잎 같으니
어찌 누추한 처지로
푸르름을 넘볼 것인가.

목숨은 죽음을 향해 내달리니
나중에 후회한들
무슨 소용 있겠는가.

목숨은 밤낮으로 줄어드니
때를 놓치지 말고
부지런히 힘써라.

　　― 법구경

『아함경』에 '목숨은 호흡 사이에 있다'는 말씀이 실감납니다.

성인께서 제자들에게 물었다.
"사람의 목숨이 얼마 동안에 있느냐?"
한 제자가 말했다.
"며칠 사이에 있습니다."
"너는 아직 도를 모르는구나."
옆에 있는 제자가 대답하였다.
"밥 먹는 사이에 있습니다."
"너도 아직 도를 모르는구나."
다른 제자가 대답하였습니다.
"숨 쉬는 사이에 있습니다."
"너는 도를 아는구나."

그렇습니다. 사람의 목숨은 호흡지간에 있습니다. 하지만 사람들은 목숨이 먼 곳에 있는 줄 착각하니 얼마나 어리석은가요?
부휴선수 대사는 노래합니다.
"인간의 뜬 목숨이 번갯불과 같건만, 정신을 허비하며 이리저리 내닫는다. 임천(林泉)에 물러나면 가난해도 즐거울 터, 시비 따져 몸 곤한 줄 아예 알지 못할 텐데."

욕망을 줄여야
진정한 행복의 문 열려

바른 지혜로 깨달음을 얻어
절대 평화에 이른 사람은
마음이 잔잔하게 가라앉고
말과 행동도 고요하다.

— 법구경

사람은 누구나 행복을 추구합니다. 땀 흘려 일을 하고 돈을 버는 것도 행복하기 위해서입니다. 그렇다면 당연히 일 그 자체가 즐거움이어야 하지만 많은 사람들이 일 속에서 행복감을 느끼지 못하고 있습니다. 오히려 힘들어하고 피곤해 합니다. 행복하기 위해 불행해진다는 역설이 성립됩니다.

일이 고역이 된다는 것은 일의 한계를 넘어섰다는 것을 뜻합니다. 대개의 사람들은 일의 양이 너무 많고 시간이 너무 촉박하다고들 불평합니다. 마치 육상선수가 전력을 다하여 기록을 갱신하듯이 일을 해야 하며 빨리빨리, 많이많이 해야 하기 때문입니다.

그러다 보니 실제로 일의 결과로 누려야 할 시간도, 여유도 없게 되고 일을 함으로 얻어지는 즐거움은 어디론가 사라지고 보이지 않습니다. 남은 것은 피로와 또 다시 해야 할 일 뿐입니다. 결국 우리는 불행이라는 쳇바퀴를 돌리고 있는 셈입니다. 우리가 이렇게 일중독이라는 중병에 걸리게 된 것은 과다한 소유욕 때문입니다. 그것도 어떻게 해서든지 남보다 더 빨리, 더 많이 가지려고 하기 때문입니다.

빠른 것은 언뜻 보기에 효율적인 것 같고 좋은 것 같지만 사실은 그렇지 않습니다. 많은 인명을 앗아간 각종 대형사고의 주범이 바로 속도제일주의입니다. 빨리 해야 더 많이 가질 수 있다는 속도제일주의는 타인을 배려하는 마음을 없애고 인간을 오로지 경제동물로 만들어 버립니다. 타인의 희생을 발판으로 자신의 소유욕을 충족시킬 뿐입니다.

짧은 시간에 많은 것을 처리할 수 있는 기계가 발명될 때마다 흔히 "남은 시간을 의미 있게 보내게 되고 좀 더 여유 있는 생활을 할 수 있게 되었다."고들 말합니다. 그러나 실상은 전혀 그렇지 않습니다. 기계가 절약해준 시간은 우리에게 여유를 선물하지 않습니다. 오히려 새로운 노역을 창출합니다. 그런데도 우리는 여전히 속도를 숭배하고 있습니다.

사색하며 천천히 걷던 길을 단 몇 십 분을 단축시키려고 자연환경을 해치면서까지 확장하고 포장합니다. 영혼을 맑게 해주는 사색이 없어지고 우리의 정신에는 욕망의 고속도로만이 존재하게 됩니다. 이렇게 해서 우리는 욕망을 채우기 위해서 음식을 포식하고 정보와 지식을 남획합니다. 그렇지만 불행히도 결코 행복해지지는 않습니다. 그 구체적인 증거가 바로 현대병인 것입니다.

육체적인 병은 물론이고 정신적 사회적 병리현상 등 현대인들이 앓고 있는 대부분의 질병은 먹지 못해서가 아니라 너무 많이 먹어서 생기는 병입니다. 몰라서가 아니라 너무 많이 알아서, 느려서가 아니라 너무 빨라서 생기는 현상입니다.

인간 이외의 어떤 생명체도 필요한 것 이상을 소유하지 않습니다. 아무리 사나운 맹수도, 본능적으로 먹이 사냥을 하는 짐승도, 배가 부르면 더 이상 욕심을 부리지 않습니다. 차라리 겨울 잠을 푹 자면서 에너지의 소비를 줄입니다. 오직 인간만이 과도

하게 축적하려 합니다.

그러고 나서는 그것을 지키기 위해 또 다시 과도하게 일을 하고 빠른 것을 추구합니다. 그래서 다시 불행은 시작되는 것이니 우리가 지금 해야 할 일 중의 하나가 속도를 늦추는 것임을 유념할 일입니다.

정관일선 선사는 노래합니다.

"사물 밖 벗어난 유유한 놀음, 자재로이 보내는 아침저녁. 천산의 달 밟는 두 발, 만 리의 구름 따르는 이 한 몸. 나 남이 없이 보는 본래의 소견이니, 옳고 그름 갈린 문 어찌 있겠나. 새가 꽃을 물어오지 않아도, 봄바람은 저절로 꽃다운 것을."

세계는 한 송이 꽃,
너와 내가 둘이 아니다

꽃잎 하나 향기 한 줌
손상시키지 않고
오직 꿀만 따가는 꿀벌처럼
어진 사람은 사람들을 그렇게 대한다.

— 법구경

근대불교의 큰 스승인 만공 선사는 일제강점기로부터 해방이 되자 무궁화 꽃으로 '세계일화(世界一花)'를 쓰셨습니다. 그리고 다음과 같이 말씀하십니다.

"세계는 한 송이 꽃. 너와 내가 둘이 아니요, 산천초목이 둘이 아니요, 이 나라 저 나라가 둘이 아니요, 이 세상 모든 것이 한 송이 꽃. 어리석은 자들은 온 세상이 한 송이 꽃인 줄을 모르고 있어. 그래서 나와 너를 구분하고 내 것과 네 것을 분별하고 적과 동지를 구별하고 다투고 빼앗고 죽이고 있다. 허나 지혜로운 눈으로 세상을 보아라. 흙이 있어야 풀이 있고 풀이 있어야 짐승이 있고 네가 있어야 내가 있고 내가 있어야 네가 있는 법.

남편이 있어야 아내가 있고 아내가 있어야 남편이 있고, 부모가 있어야 자식이 있고 자식이 있어야 부모가 있는 법. 남편이 편해야 아내가 편하고, 아내가 편해야 남편이 편한 법. 남편과 아내도 한 송이 꽃이요, 부모와 자식도 한 송이 꽃이요, 이웃과 이웃도 한 송이 꽃이요, 나라와 나라도 한 송이 꽃이거늘. 이 세상 모든 것이 한 송이 꽃이라는 이 생각을 바로 지니면 세상은 편한 것이요. 세상은 한 송이 꽃이 아니라고 그릇되게 생각하면 세상은 늘 시비하고 다투고 피 흘리고 빼앗고 죽이는 아수라장이 될 것이니라.

그래서 세계일화의 참 뜻을 펴려면 지렁이 한 마리도 부처로 보고, 참새 한 마리도 부처로 보고, 심지어 저 미웠던 원수들마

저도 부처로 봐야 할 것이요, 다른 교를 믿는 사람들도 부처로 봐야 할 것이니, 그리하면 세상 모두가 편안할 것이니라."

세계는 한 뿌리에서 뻗어난 하나의 꽃나무입니다. 우리 모두는 꽃나무 가지마다 매달린 꽃봉우리입니다. 꽃봉우리마다 꽃이 활짝 피어나 맑은 향기를 뿜어내는 아름다운 세상이 되소서!

불감혜근 선사는 노래합니다.

"꽃봉오리 물속 저 달 시리게 사무치니 잎새도 푸르구나. 실바람에 흔들흔들 물 위에 핀 꽃이든 물속에 핀 꽃이든 보아라. 저 꽃들은 한 못에서 핀 꽃이다."

깨끗하고 더러움은 오직
자신으로부터 비롯된다

악행을 저지른 사람은
스스로 그 갚음을 반드시 받으니
자신이 악행을 하지 않으면
악은 스스로 깨끗해진다.

깨끗하고 더러움은
오직 자신으로부터 비롯되니
누구도 그 사람을 깨끗하게 만들 수 없다.

비록 악행을 저질렀지만 차차 선행으로
과거의 악행을 극복하는 사람

그 사람은 마치
달이 구름을 헤치고 나오듯
세상을 밝게 비춘다.

― 법구경

사람들은 누구나 자기 자신을 사랑합니다. 그래서 몸에 좋다고 하는 음식을 먹고, 몸을 치장하는 데 열중합니다. 혹여 타인이 자신을 터럭만큼이라도 불편하게 하면 그를 미워합니다.

하지만 자기를 움직이는 주인공인 마음을 닦는 데는 소홀합니다. 진정으로 자기를 사랑한다면 마음을 닦는 데 소홀함이 없어야 합니다.

별역 『잡아함경』에 '선행을 닦는 것이 자기를 사랑함이다'라는 말씀이 나옵니다.

부처님께서 사위성 기원정사에 계실 때, 어느 날 파사익왕이 문안드리고 여쭈었다.

"부처님이시여! 어떻게 하는 것이 진실로 자기를 사랑함이며, 어떻게 하는 것이 자신을 사랑하지 않는 것입니까?"

부처님께서 말씀하셨다.

"스스로 착한 행동하는 것이 진실로 자기를 보호하는 것이요, 스스로 악행하는 것은 자기를 내던지는 것이다. 강력한 군대를 품어 자신을 에워싼다 하더라도 그것은 진실로 자신을 보호하는 것이라 말할 수 없나니, 스스로 자기 마음을 보호하는 것이 아니기 때문이다. 안으로 자신을 보호하는 것이 밖에서 자기를 보호하는 것보다 진실로 자기를 보호하는 길이다."

세상에서 가장 소중한 자기 자신의 몸과 입과 뜻을 잘 가꾸고 단속하여 어둠을 물리치고 밝음으로 충만한 멋진 한 해가 되소서!

　경봉 선사는 노래합니다.

　"내가 나를 온갖 것에서 찾다가 눈앞에서 바로 주인공을 보았네. 하하 웃고 서로 만나 의혹이 없어지니 우담발화 꽃 빛이 법계에 흐르네."

공덕의 나무를 가꾸는 이는
지상과 천상에서 행복하다

저 세상에서 선근을 심고
이 세상에서 선행을 뿌리며

공덕의 나무를 가꾸는 이는
지상과 천상 두 곳에서 행복하다

이 세상에서는
복의 열매를 먹어 행복하고

저 세상에서는
천상까지 자란 나무를 보고 즐거워한다

열매 가득한 든든한 나무를 바라보며
행복에 젖어 오늘도 미소의 물을 준다.

— 법구경

『아함경』에 보시의 네 가지 공덕에 대한 말씀이 나옵니다.

"가령 선지식(善知識)이 보시를 할 때 네 가지 공덕(功德)이 있다. 어떤 것이 그 네 가지인가? 때를 알아서 보시를 하고 때를 모르지 않는 것이며, 제 손으로 직접 보시하고 다른 사람을 시키지 않는 것이며, 항상 정결(淨潔)한 것만 보시하고 정결하지 않은 것을 보시하지 않는 것이며, 미묘(微妙)한 것을 보시하고 더러운 것을 보시하지 않는 것이다. 선지식이 보시를 할 때 이런 네 가지 공덕이 있다.

그러므로 여러 비구들이여! 선남자 선여인이 보시를 행할 때도 이 네 가지 공덕을 갖추어야 한다. 이 공덕을 갖추면 큰 복업을 얻고 감로(甘露)의 열반을 얻을 것이다. 그리고 그 복덕은 이루 다 헤아릴 수 없어서 얼마만한 복업이 있다고 말할 수 없고, 허공으로도 다 받아들일 수 없을 것이다. 비유를 들어 말하면 마치 바닷물은 이루 다 헤아릴 수 없어서 한 섬이니 반 섬이니 한 홉이니 반 홉이니 하고 숫자로 헤아릴 수 없는 것처럼 그 복업도 낱낱이 다 말할 수 없느니라.

이와 같이 선남자 선여인이 지은 공덕은 헤아릴 수 없는 큰 복업을 얻고 감로의 열반을 얻어 얼마만한 복덕이라고 다 말할 수 없느니라.

그러므로 여러 비구들이여, 선남자 선여인도 마땅히 이 네 가지 공덕을 갖추도록 해야 한다. 여러 비구들이여! 꼭 이와 같이 공부해야 하느니라."

보시는 세상에서 제일 아름다운 행위입니다. 그런데 안타깝게도 참된 보시법을 모르기에 보시를 행하고도 오히려 악업을 짓는 경우가 있습니다. 부처님께서 말씀하신 네 가지 보시법을 유념하여 무량복덕 지으소서!

나옹 대사는 자찬(自讚)합니다.

"쯧쯧, 이 시골 중아! 취할 것이 하나도 없구나. 자세히 살펴보면 털끝만큼의 행실도 없구나. 얼굴이야 자비스러운 듯 보이지만 마음속은 몹시 악독하도다. 부처와 법을 비난하니 그 잘못이 하늘까지 넘친다. 너에게 보시하는 자는 복전(福田)이라 부르지 않고, 너에게 공양하는 자는 삼악도(三惡道)에 떨어지리라."

사람의 마음은 생각하는 쪽으로
기울어지기 쉽다

사람의 마음은
생각하는 쪽으로 기울어지기 쉽다.
탐욕을 생각하면
탐욕스런 마음이 일어나고
노여움을 생각하면
노여워하는 마음이 일어나고
어리석음을 생각하면
어리석은 마음이 일어난다.

— 잡아함경

사람의 마음이란 참으로 묘해서, 같은 형상도 어떤 생각으로 보느냐에 따라 다르게 다가옵니다. 『삼국유사』에 나오는 원효스님의 '해골 물' 일화는 이를 잘 설명해주고 있습니다.

원효는 어릴 때 황룡사로 들어가 머리를 깎고 스님이 되었다. 34세가 되던 해에 원효는 8살 아래인 의상과 함께 공부를 좀 더 하기 위해 중국으로 유학을 떠났다. 하지만 고구려 땅을 거쳐 중국으로 가려고 하다가 고구려 군사들에게 붙들리는 바람에 뜻을 이루지 못하였다.

11년 뒤 두 번째 유학을 떠나기 위해 의상과 함께 백제의 옛 땅을 거쳐 바닷길로 중국에 가려고 했다. 그런데 도중에 그만 날이 저물어 무덤 속에서 잠을 자게 되었다. 한밤중에 목이 말라 물을 찾다가 바가지에 있는 물을 아주 맛있게 마시고 다시 잠이 들었다.

아침에 일어나 보니, 간밤에 마신 물은 해골에 고인 물이었다. 원효는 너무 놀랍고 역겨운 나머지 구역질을 하였고, 그 순간 '모든 것은 마음이 지어낸다(一切唯心造)'는 깨달음을 얻게 되었다.

해골에 담긴 물은 어제 달게 마실 때나 오늘 구역질이 날 때나 아무 것도 달라지지 않았습니다. 다만 어제와 오늘 달라진 것은 자신의 마음이라는 것을 깨닫고 '마음이 생겨나므로 모든 것이 생긴다'라고 읊었던 것입니다.

한 생각을 오롯이 하여 장애를 만나도 좌절하거나 두려워하지 않고 오히려 내면을 살찌우는 계기로 삼고, 좋은 일을 맞이해도 들뜨거나 겸손함을 잃지 않고 내면의 폭을 더욱 넓히는 기회로 삼는 여여한 날들이 되소서!

조주 선사는 이릅니다.

"무쇠 부처는 용광로를 건너가지 못하고, 나무 부처는 불을 건너가지 못하며, 진흙 부처는 물을 건너가지 못한다."

비난과 욕설을
피해 달아나지 말라

노여워하지 않는 것이 인욕이요
남을 해치지 않는 것이 인욕이요

다투지 않는 것이 인욕이요
살생하지 않는 것이 인욕이요

자기 자신을 지키는 것이 인욕이요
남을 지켜주는 것이 인욕이요

탐욕을 제거하는 것이 인욕이요
온갖 세속의 괴로움을 멀리하는 것이 인욕이다.

— 보살장정법경

성인께서 꼬삼비에 계시던 어느 날, 성인을 증오하던 왕비 마간디아는 불량배들을 매수하여 성인이 탁발을 나오실 때마다 뒤를 따라 다니며 온갖 욕설과 비방, 침을 뱉는 등 거친 행동으로 못살게 굴도록 만들었습니다.

이에 아난다는 성인께 이 도시를 떠나자고 간청하지만 성인께서는 거절하며 말씀하셨습니다.

"욕설을 하는 사람이 있을 때마다 그곳을 떠나는 것은 올바른 방법이 아니다. 문제가 있을 때마다 그곳을 떠나는 것으로는 문제가 해결되지 않는다. 무릇 수행자는 문제와 소란이 있을 때, 그것을 거부하거나 떠나지 말고 그 문제와 함께 머물면서 받아들여 최선을 다해 문제가 해결되도록 해야 한다. 그리하여 문제가 해결된 뒤에 길을 가는 것이 합당하다. 마치 싸움터에 나간 코끼리가 사방에서 날아오는 화살을 맞더라도 도망치지 않고 자신의 임무를 잘 수행하듯. 지혜로운 이는 어리석은 자들의 비난과 욕설을 피해 달아나지 않고 묵묵히 참고 인욕하되 다만 자신을 잘 다스림으로써 으뜸가는 성자가 된다."

사람들은 어떤 문제가 닥치면 화를 내거나 피하려고만 합니다. 하지만 그것으로 문제는 해결되지 않으며, 자칫 돌이킬 수 없는 파국을 맞기 십상입니다. 지혜로운 이는 문제에 부딪쳤을 때, 화를 내거나 피하려 하지 않고, 문제의 핵심을 파악하여 얽힌 실타래 풀어가듯 문제를 풀어가니 뒤끝이 없습니다.

『선가귀감』은 이릅니다.

"누가 와서 해롭게 하더라도 마음을 거두어 성내거나 원망하지 말아야 한다. 한 생각이 불끈 치솟아 오를 때 온갖 장애가 일어난다. 번뇌가 비록 한량없지만 성내는 것은 그보다 더하다."

마음이 아름답지 못하면
향기 없는 꽃과 같다

지혜는 재물을
주고 구할 수 있으나

덕은 재물로
구할 수 없다.

덕과 지혜를 모은다면
이 얼마나 큰 재산인가.

— 법구경

『중아함경』에 부처님께서 '출가 전 아들인 라홀라에게 내린 교훈' 이야기가 나옵니다.

　라홀라는 부처님을 위해 자리를 마련하고 손발을 씻을 수 있도록 대야를 갖다 드렸다. 부처님께서 손을 다 씻고는 대야의 물을 거의 대부분 쏟아 버리고 라홀라에게 물었다.
　"라홀라야, 이 대야 안에 물이 많으냐 적으냐?"
　"남은 게 거의 없습니다."
　"라홀라야, 너는 알아야 한다. 진실을 말하지 않는 사람은 이 대야 속의 물처럼 보잘 것 없는 인격을 가지고 있단다."
　라홀라는 조용히 가르침을 들었다. 부처님께서 나머지 물을 쏟아 버린 다음 다시 물었다.
　"라홀라야, 내가 모든 물을 다 비운 것이 보이느냐?"
　"예, 보입니다."
　"거짓말을 계속하는 사람들은 모든 물을 비워버린 이 대야처럼 모든 인격을 잃어버린단다."
　부처님께서는 대야를 엎어놓고 라홀라에게 물었다.
　"네 눈에는 이 대야가 엎어져 있는 게 보이느냐?"
　"예, 보입니다."
　"우리가 바른 말을 하지 않으면 우리의 인격은 이 대야처럼 엎어지는 것이란다. 농담으로라도 거짓말을 해서는 안 된다.

라훌라야, 너는 사람들이 거울을 사용하는 까닭을 알고 있느냐?"

"예, 세존이시여, 사람들은 자신의 모습을 살피기 위해 거울을 봅니다. 얼굴이 깨끗한지 않은지를 살펴보기 위해서입니다."

"바로 그렇단다. 라훌라야, 사람이 거울을 들여다보며 자신의 모습을 살피듯이 너는 네 자신의 행동과 생각 그리고 말을 살피도록 해라."

향기 없는 꽃에는 벌과 나비가 날아들지 않듯, 겉으로 아무리 꾸며도 그 마음이 아름답지 못하면 향기 없는 꽃과 같아서 사람들은 모여들지 않습니다. 인격은 마음의 향기임을 유념할 일입니다.

소욕지족의
삶은 평안하다

욕심이 많은 사람은
이익을 구함이 많기 때문에
번뇌도 많지만
욕심이 적은 사람은
구함이 없어 근심 걱정도 없다.

그러므로 번뇌를 제거코자 할진대
먼저 욕심을 적게 갖도록
수행해야 할 것이다.

더구나 소욕은 온갖 공덕을 낳나니
어찌 익히지 않아서 되랴?

— 유교경

세상은 온통 욕심을 채우려는 이들로 가득합니다. 그들은 욕심을 채우려고 날밤을 지새우며 괴로워합니다. 작은 것에 만족할 줄 아는 소욕지족(小欲知足)의 삶은 인생을 행복하게 만드는 요체임을 유념할 일입니다.

『법구경』은 이릅니다.

"욕망아! 나는 너의 근본을 안다. 생각함으로써 뜻이 일어나니, 내가 너를 생각하지 않으면 곧 너는 존재하지 않는다. 좋아하기 때문에 근심이 생기고 좋아하기 때문에 두려움이 생기니, 만일 좋아하거나 즐겨 하지 않으면 무엇을 근심하고 무엇을 두려워하리."

참다운 벗은
내 인생의 전부다

그대여!
우리들이 좋은 벗을 갖고
좋은 동료와 함께 있다는 것은

이 성스러운 도의
절반에 해당되는 것이 아니라
그 전부인 것이다.

— 잡아함경

우리가 사는 세상은 온갖 고통이 난무하는 사바세계입니다. 그처럼 고통이 난무하는 사바세계를 잘 헤쳐 나가기 위해선 혼자보다는 의지할 수 있는 친구와 함께 할 때 한결 수월합니다. 그런데 사람들은 '요즘 세상엔 참다운 친구가 없다'고들 한탄합니다. 하지만 참다운 친구가 없다고 한탄하기보다 내가 먼저 참다운 친구가 되어줌은 어떨런지요?

『논어』 학이편에 '유붕자원방래(有朋自遠方來) 불역낙호(不亦樂乎), 함께 공부하는 벗이 있어 먼 곳에서 찾아온다면, 그 또한 기쁘고 좋은 일이 아니겠는가'라는 말이 나오는데 깊이 유념할 일입니다.

『사분율』에 이릅니다.

"참된 벗에 일곱 가지가 있으니, 고난을 만나서 버리지 않고, 가난하다고 버리지 않고, 자신의 어려운 일을 상의하고, 서로 도와주고, 하기 어려운 일을 하여 주고, 주기 어려운 것을 주고, 참기 어려운 것을 참는 것이다."

열반의 세계에선
남녀와 신분의 차별이 없다

마음이 삼매에 들어가는데
여자의 몸이 무슨 관계가 있겠는가.

누구라도 지혜를 얻게 되면
위없는 법을 얻을 수 있느니라.

만약 남녀라는 분별심을
한꺼번에 버리지 못하면
그것은 곧 악마의 생각이니

일체의 괴로움을 여의고
일체의 두려움을 버리고
모든 애착이 사라짐을 증득하면

모든 번뇌가 다하여
열반을 이루리라.

— 잡아함 소마경

성인 재세 시 인도는 엄격한 카스트 제도로 얽매여 있던 시대였습니다. 그러한 시대에 여성이 출가수행한다는 것은 상상하기도 힘든 일이었습니다. 하지만 성인께선 여성뿐만 아니라 인간대접조차 못 받던 천민들도 수행자로 받아들였습니다. 그들 가운데는 경전에 등장할 정도로 뚜렷한 족적을 남긴 이들이 많습니다. 소마 비구니도 그중 하나입니다. 경전에 나오는 소마 비구니의 당당함은 어느 비구승에 못지않습니다.

그처럼 불평등이 보편화되었던 당시 사회에서 열린 안목으로 만민평등을 실천하였던 성인의 자비심에 깊은 감동을 느낍니다. 그렇다면 만민평등을 외치는 현대사회는 과연 어떤가요? 빈부귀천과 남녀노소의 평등이 잘 지켜지고 있는지 돌아볼 일입니다.

『화엄경』 48경계는 말합니다.

"모든 남성은 다 나의 아버지였거나 아버지일 수 있고, 모든 여성은 다 나의 어머니였거나 어머니일 수 있으니, 어느 때 날 적에는 그들에게서 났거나 날지도 모른다. 그러므로 모두 다 존중받아야 할 이들이다."

나쁜 마음 없는 자를
사악은 범하지 못 한다

손에 상처 없으면
독(毒)을 잡아도 된다.

상처 없는 자를
독은 해치지 못하며

나쁜 마음 없는 자를
사악은 범하지 못하느니라.

— 법구경

아무리 아름다운 꽃이라도 독을 품고 있으면 벌과 나비가 날아들지 않으니, 이는 생명 없는 조화와 다를 바 없습니다. 우리네 인생도 그와 같아서 마음에 독을 품고 있으면 이웃이 경원하니, 얼마나 외롭고 쓸쓸한가요? 마음이 맑은 이는 걸음마다 훈훈한 향기를 풍겨 악취를 정화하니, 사람들에게 인자무적(仁者無敵)의 감동을 선사합니다.

『무량청정평등각경』은 말합니다.

"선한 사람은 선을 행하고, 즐거움에서 즐거운 데로 들어가고 밝음에서 밝은 곳으로 들어간다."

삼독의 불을 끄는 데는
수행만한 것이 없다

눈이 불타고 있다.
눈에 보이는 세상이 불타고 있다.
눈의 분별이 불타오르고 있다.

눈이 보아서 즐거운 것이나
괴로운 것이나 모두 불타고 있다.

탐욕의 불이 타오르고 있다.
분노의 불이 타오르고 있다.
어리석음의 불이 타오르고 있다.

또한 생로병사의 근심 걱정과
고통이 불타오르고 있다.

이처럼 귀에서도, 코에서도

혀에서도, 몸뚱이에서도

나아가 마음에서도
불길이 훨훨 타오르고 있느니라.

— 잡아함경

중생들은 치성하는 삼독심(三毒心, 탐심 진심 치심)의 불길로 자신과 이웃을 태웁니다. 그리고 그 화(禍)는 다음 생으로까지 이어집니다. 그러하기에 삼독의 불을 끄는 것은 그 어떤 것보다도 급한 일입니다. 그런데도 어리석은 중생들은 삼독의 불을 끄려하기는커녕 오히려 삼독의 불에 기름 붓기를 즐겨합니다. 불을 끄는 데는 물이 최고이듯, 삼독의 불을 끄는 데는 마음을 정려하는 것이 최고입니다.

밖으로 끄달리는 모든 마음을 쉬고, 안으로 마음의 헐떡임을 없게 하여 마음을 장벽처럼 움직이지 않게 하면 치성하던 삼독의 불은 저절로 삭아집니다. 탐심과 분노와 어리석음의 불길을 삭힌 이는 무엇을 보고 대하든 마음에 흔들림이 없으니 한가하고 적요로운 이의 여여한 살림살이입니다.

『법원주림』은 말합니다.

"마음이 독의 주인이 되고 입이 화의 그릇이 되면, 이로 인해 재앙을 이루고 흐름을 따라 악도에 가나니, 마음을 정려하고 입을 순화할 때 참다운 즐거움을 누릴 수 있다."

05

제5장.

회향하는 불자의

삶

화합은 공동체를
조화롭게 만드는 요체다

모든 부처님이 나오신 것은 즐겁고
경전과 도를 설하신 것이 즐겁고
대중이 모여 화합하는 것이 즐겁고
화합하면 언제나 편안하다.

— 법구경

화합은 공동체를 조화롭게 만드는 요체입니다. 화합이 안 되는 공동체는 미래를 기약할 수 없기 때문입니다. 화합의 전제는 '나를 내세우지 않는 것'입니다. 나를 내세우고 내 주장만이 옳다고 고집을 피운다면 화합은 이루어질 수 없습니다.

　그러나 화합은 무원칙한 타협과는 다릅니다. 무원칙한 타협은 오히려 대중을 분열로 이끄는 요인입니다. 화합은 대중의 공의를 우선하는 선이 전제될 때 가능하기 때문입니다.

　속담에 이르길, '합한 두 사람은 흩어진 열 사람보다 나으며, 개미 천 마리가 모이면 맷돌도 돌린다'고 하였습니다. 깊이 유념하소서!

　함허기화 선사는 노래합니다.

　"가지가지 개성을 지닌 사람들이 이 세상에 어울려 함께 살고 있는 모습이여! 마치 화려한 자색의 고운 비단 위에 진주를 흩어놓은 듯 아름답기 그지없구나."

삶을 잘 영위하기 위해선
마음이 평안해야 한다

건강은 최상의 이익
만족은 최상의 재산
신뢰는 최상의 인연이다.
그러나 마음의 평안보다
더 행복한 것은 없다.

— 법구경

요즘 코로나 바이러스로 인하여 야외활동에 제약을 받다 보니 스트레스를 호소하는 이들이 많습니다. 삶을 잘 영위하기 위해선 먼저 마음이 평안해야 합니다. 마음이 평안하면 만사가 즐거워지기 때문입니다. 마음이 평안해지려면 먼저 적당한 운동과 절제된 음식, 규칙적인 생활과 만사를 긍정적으로 바라보는 습관이 필요합니다. 그러다 보면 마음은 절로 평안해지니 어떤 상황에서도 날마다 좋은 날입니다.

조선 중기 시인인 이달은 노래합니다.

"이웃집 꼬마가 대추 따러 왔는데 늙은이 문 나서며 꼬마를 쫓는구나. 꼬마 외려 늙은이 향해 소리 지른다. '내년 대추 익을 때는 살지도 못할걸요.'"

혹여 세월의 숫자로
장로가 되어가고 있지는 않은지요?

비록 사람이 백 년을 산다 해도
삿되고 거짓되며 지혜 없으면
단 하루를 살아도 한마음으로
바른 지혜 배우는 것만 못하리라.

― 법구경

불교용어 가운데 장로(長老)란 말이 있습니다. 장로란 '덕이 높은 연장자 비구'를 가리키는 말입니다. 부처님께서는 장로를 다음과 같이 정의하였습니다.

"우리가 장로라고 부르는 것은 반드시 나이가 많다고 해서는 아니다. 단지 얼굴에 주름이 지고 머리털이 희어질 뿐이라면 그저 어리석은 사람에 지나지 않는다. 진실과 법과 진리를 따르는 마음과 감각기관을 다스리는 마음과 자애로운 마음을 지녀 밝은 이치에 통달하고 모든 번뇌를 벗어나 깨끗한 사람, 그와 같은 사람을 장로라고 부른다."

혹여 세월의 숫자로 장로가 되어가고 있지는 않은지요? 흐르는 세월 속에 정신도 익어가는 여여한 날들이 되소서!

장사경잠 선사는 노래합니다.

"백척간두에 앉아 있는 사람이여! 비록 앉아 있음을 얻었다 하더라도, 다시 앞으로 나아갈 수 있다면 참으로 시방세계에 대자유인이 되리라."

정법을 좋아하면 이기는 길
헐뜯으면 타락의 길

무지몽매하여
어리석음이 지극한 사람은
스스로 나는 지혜롭다고 한다.

어리석으면서
뛰어난 지혜를
지니고 있다고 하니
이러한 이를 지극히
어리석은 이라 한다.

— 법구경

사람들은 '사람이 지켜야 할 도리'를 말합니다. 그렇다면 사람이 지켜야 할 도리란 무엇일까요?

『아함경』에 '사람이 지켜야 할 도리'에 대한 말씀이 나옵니다.

"이기는 길도 알기 쉽지만 타락하는 길도 알기 쉽나니, 법을 좋아하는 것은 이기는 길이요, 법을 헐뜯는 것은 타락의 길이다. 나쁜 친구 가까이하고 좋은 친구 꺼려하며 선한 사람과 원한을 맺는 것, 그것은 타락의 길이니라. 말이나 저울을 속이며 장기와 바둑을 일삼고 술에 취해 방탕하며 여자에게 빠져 재물을 함부로 허비하는 것, 그것은 타락의 길에 들어서는 것이다. 여자로서 스스로 지키지 않고 남편을 두고 남을 따라가거나 남자로서 마음이 방탕하여 아내를 버리고 외도하는 것은 타락의 길이니라.

늙은 여자가 젊은 남자를 얻어 항상 질투를 품어 누워도 편치 못한 것이나 늙은 사내가 젊은 여자를 얻는 것, 그 또한 타락하는 길이니라. 재물 적고 탐욕이 많아 크샤트리아의 집안에 태어나 왕 되기를 항상 바라는 사람도 타락하는 사람이니라. 남에게 후한 대접을 받으면서 자기는 스스로 재물을 아껴 남의 것을 먹고도 갚지 않는 것도 타락의 길에 들어섬이다.

사문이나 바라문이 자기 집을 찾아와 걸식할 때에 인색하여 보시하지 않고, 꾸짖으며 멀리 내쫓는 것도 타락의 길에 들어서는 것이니라. 부모나 나이 많은 사람을 제때에 받들어 섬기지 않고, 부모와 형제들을 때리고 욕설하며 예절이 없는 것도 타락하

는 길이니라.

부처나 수행자를 헐뜯고 비방하며 공경하지 않는 것, 그 또한 타락의 길이다. 진실로 아라한이 아니면서 스스로 아라한이라 자랑하는 것, 자기를 속이고 남들을 속이나니 이는 곧 온 세상의 적으로서 타락의 길에 들어서는 것이니라. 지혜로운 사람은 그것이 험하고 두려운 길임을 알아 멀리 피할 수 있어야 하느니라."

『논어』에 '군자는 덕을 생각하고 소인은 땅을 생각하며, 군자는 법형을 두려워하고 소인은 은혜를 탐한다'는 말이 나옵니다. 혹여 작은 이익에 걸려 사람의 도리를 어기고 있지는 않은지 돌아볼 일입니다.

왕범지는 노래합니다.

"성 밖에는 흙만두 있고, 성 안에는 떡소 풀 있다. 한 사람이 한 개씩만 먹어야 하는데, 영양분 맛없다 싫어하지 말라. 세상에 백 년 사는 사람 없는데, 억지로 천 년 살려 애쓰는구나. 철 두드려 못 들어오게 문을 만들지만 귀신들은 바라보고 손뼉 치며 웃는다."

원한은 원한에 의해서
결코 사라지지 않는다

이 세상에서 원한은
원한에 의해서는
결코 사라지지 않는다.

오직 용서로서만
원한은 사라지나니
이것은 변치 않을
영원한 진리이다.

— 법구경

세상을 살아가면서 타인의 말과 행동에 마음이 상할 때가 있습니다. 한 번 마음이 상하면 쉽사리 그 감정을 내려놓기 어렵습니다. 그래서 부처님께서는 '상대의 잘못을 용서할 줄 아는 이는 참으로 용기 있는 이'라고 칭찬합니다.

용서는 타인을 너그럽게 품어주는 것입니다. 또한 자신을 사랑하는 방법이기도 합니다. 용서를 해준 이는 긴 밤을 편안히 잘 수 있지만, 원한을 품은 이는 괴로움으로 긴 밤을 지새우게 되기 때문입니다.

『소학』에 이르길, "다른 사람을 꾸짖는 마음으로 자기를 책하고, 자기를 용서하는 마음으로 다른 사람을 용서하라."고 말합니다. 너그러움 가득한 날들이 되소서!

침굉현변 선사는 노래합니다.

"동구안 꽃 붉어 해로 쏘는 붉은 빛, 고갯마루 푸른 솔 하늘 찌른 푸르름, 똑같은 봄빛인데 둘로 갈라서, 반은 꽃 숲에 주고 반은 솔 숲에 숨겼다."

짐이 가벼워야
여행길이 즐겁다

그대는 자신을
섬으로 만들어라.
서둘러 정진하여
현명한 님이 되라.

티끌은 날려 버리고
허물을 여의면
그대는 천상계의
고귀한 곳에 이르리.

— 법구경

『아함경』에 '귀중한 보물도 허망한 것이다'라는 말씀이 나옵니다.

옛날 다미사왕은 칠보를 산더미처럼 쌓아 놓고 구걸하러 오는 이가 있으면 한 줌씩 가져가게 했다.

부처님께서 그를 제도하기 위해 바라문으로 변화하여 그 나라로 가셨다.

"저는 외국에서 왔는데 보물을 얻어 집을 지으려고 합니다."

"좋습니다. 그렇다면 보물을 한 줌 집어 가십시오."

부처님께서 보물을 한 줌 들고 일곱 걸음쯤 가다가 보물을 원래 자리에 내려놓았다. 그러자 왕이 물었다.

"왜 보물을 다시 내려놓는 겁니까?"

"이것으로는 집 한 채밖에 지을 수 없습니다. 결혼비용을 대자면 턱없이 부족합니다."

"그렇다면 세 줌 정도 가져가십시오."

"이것으로 장가를 갈 수는 있지만, 논과 종과 소와 말을 사자면 모자랍니다."

"그러면 일곱 줌쯤 더 가져가십시오."

"자식을 낳으면 시집 장가를 보내야 하는데 이 보물로는 모자랍니다."

"그러시면 여기 있는 보물을 모두 드릴 테니 전부 가져가십시오."

그러자 부처님께서 대답하셨다.

"처음에는 끼니를 해결하려 이곳에 왔습니다. 그런데 사람의 목숨을 생각해 보면 긴 것이 아니고 만물은 덧없기 그지없습니다. 인연이 겹쳐감에 따라 근심과 괴로움은 깊어만 가니, 설사 산더미 같은 보물을 갖는다 해도 무슨 소용이 있겠습니까? 욕심으로 일을 꾀하면서 스스로 괴로워하기보다는 차라리 마음을 비우고 한없는 도를 추구하는 것이 낫다고 생각됩니다. 그래서 보물을 받지 않을 것입니다."

'여행길이 즐겁기 위해선 짐이 가벼워야 한다'는 옛말이 있습니다. 인생길도 그와 같아서 탐욕과 성냄과 어리석의 짐을 덜어야 즐거움이 가득합니다. 가볍게 즐거운 마음으로 살아가는 인생이 되소서!

맹호연은 노래합니다.

"해 지자 몰려가는 빗발 따라 푸른 산 그리매 뜰에 들고, 조촐한 연꽃 바라보니 물들지 않은 마음 알아 즐겁다."

집착과 욕심은 눈멀게 하고
귀먹게 한다

어제는 욕망의 꽃
오늘은 탐욕의 꽃
내일은 갈애의 꽃

이렇게 하루하루
쾌락의 꽃을 찾아
정신이 팔린 사람은

어느 날 낮과
어느 날 밤에
죽음이 덮쳐올지 모른다.

— 법구경

집착과 욕심은 눈을 멀게 하고 귀를 먹게 하여 끝내는 후회를 남깁니다.

『선림보훈』에 '눈을 밝게 하고 귀를 트이게 하는 방법'이 나옵니다.

"남의 눈을 자신의 눈으로 삼아라. 그러면 밝은 눈으로 비추지 못할 것이 없을 것이다. 남의 귀로 자신의 귀를 삼아라. 그러면 밝은 귀로 듣지 못할 것이 없을 것이다. 군이 무엇 때문에 자기의 이목만을 고집하여 미혹에 빠져듦을 자초하려고 하는가?"

욕심과 집착을 벗어 버리면 절로 눈이 밝아지고 귀가 트입니다. 보이는 것마다 해맑고 들리는 소리마다 청량음으로 가득하소서!

진각혜심 선사는 노래합니다.

"드문드문 소나무 달빛 밝아서 그윽한 골바람 족히 맑아, 웃고 즐기며 마음대로 노니니 높고 낮으나 머무는 곳은 평안해."

아름다운 심성의 향기는
역풍을 만나도 사방에 퍼진다

꽃은 바람을 거역해서
향기를 낼 수 없지만
선하고 어진 사람이
풍기는 향기는
바람을 거역해서
사방으로 번진다

― 법구경

세상 사람들 중엔 '인생을 함부로 사는 사람과 올곧게 살아가는 두 부류의 사람'이 있습니다. 인생을 함부로 사는 사람의 삶은 어쩌면 편할 수 있습니다. 하지만 그 영혼은 썩어가고 주변을 오염시키니 어찌하리오!

　인생을 올곧게 살아가는 사람의 삶은 어쩌면 힘들 수 있습니다. 하지만 그 영혼은 주변을 정화하는 맑은 향기를 풍기니 참으로 환희롭습니다.

　『법화경』에 '상불경보살' 이야기가 나옵니다.

　상불경보살은 언제 어디서 누구를 만나든 합장을 하고 인사를 하였습니다.

　"나는 마음속 깊이 당신을 존경합니다. 당신은 참으로 착한 분이시고, 너무나 진실하여 장차 존귀하신 성인이 되실 분입니다."

　이렇게 인사를 하면 어떤 이는 '누구를 놀리는 것이냐'며 비웃고, 어떤 이는 화를 내며 욕설을 퍼부었습니다.

　그러나 상불경보살은 조금도 언짢아하는 기색 없이 오히려 욕하는 사람들을 향하여 더욱 공손히 예배를 계속 하였기 때문에 사람들 중에는 돌멩이와 몽둥이로 때리는 사람도 있었습니다. 상불경보살은 이러한 일을 당하면서도 대들거나 흔들림이 없이 '나는 마음속 깊이 진심으로 당신을 존경합니다. 당신은 참으로 고맙고 훌륭한 분이시기에 복을 받아 존귀하신 성인이 되실 겁니다'라고 말하였습니다.

이렇게 하고 다니기를 평생토록 하였기 때문에 마침내 수행의 높은 경지를 얻어, 많은 성인의 진신을 친견한 뒤 자기를 박해한 사람들 모두 구제하고 자신도 큰 깨침을 이루었습니다.

자기를 낮추고 다른 이들을 공경하며 칭찬을 아끼지 않았던 상불경보살의 성행(聖行)을 본받아 모든 이들을 성인 대하듯 하고, 부모 형제자매 친구 대하듯 한다면 세상에 어찌 분란과 미움이 있을 수 있을 것인가요.

서산 대사는 노래합니다.

"자네가 움켜쥔 게 웬만큼 되거들랑 자네보다 더 아쉬운 사람에게 자네 것 좀 나눠주고, 그들의 마음 밭에 자네 추억 씨앗 뿌려, 사람사람 마음속에 향기로운 꽃 피우면 천국이 따로 없네, 극락이 따로 없다네!"

오로지 오늘 할 일에
최선을 다하라

지난날의 그림자만 추억하고 그리워하면
꺾어진 갈대와 같이 말라서 초췌해지니라.

그러나 지난날의 일을 반성하고
현재를 성실하게 살아간다면
몸도 마음도 건전해지리라.

지나간 과거에 매달리지도 말고
아직 오지도 않은 미래를 기다리지도 말라.

오직 현재의 한 생각만을 굳게 지켜라.
그리하여 오늘 할 일을 내일로 미루지 말라.

진실하고 굳세게 살아가는 것,
그것이 하루하루를 살아가는
최선의 길이다.

— 법구경

사람들은 과거에 매달리고 미래를 갈망합니다. 하지만 과거는 이미 흘러갔고, 미래는 아직 오지 않았습니다. 부처님께서는『석중선실존경』에 '오직 현재에 충실하라'고 이르십니다.

　"과거에 매달리지 말라. 미래를 원하지도 말라. 과거는 이미 사라졌고 미래는 아직 오지 않았느니라. 꿈은 여기 현재의 일에서 가져야 할 것이니, 이루고자 하는 뜻에 확고부동하여 흔들림 없이 자신의 능력을 계발하여야 하리. 오로지 오늘 해야 할 일에 최선을 다해 땀 흘려 노력하라. 그 누구인들 내일 죽음이 있음을 알겠는가? 삶에서 염라대왕과의 계약은 없는 것, 오직 밤낮으로 끊임없이 노력하라. 이렇게 사는 사람에게 영광이 있고 현자의 칭찬이 따르리라."

　그렇습니다. 현재에 최선을 다하는 이만이 과거를 아름답게 승화시킬 수 있고, 찬란한 미래를 맞이할 수 있습니다. 오늘에 최선을 다하는 멋진 날 되소서!

　무문혜개 선사는 노래합니다.

　"서늘한 바람이 불고 겨울에는 눈이 내린다. 만약 부질없는 일로 마음속에 걸림이 없다면, 문득 이것이 인간에 좋은 시절이더라."

복된 이의 행을 따르면
복록이 절로 늘어나리라

선과 악을 자세히 살피면
두려워하고 꺼려할 것
저절로 알 수 있으리.

그것을 두려워하여
범하지 않으면
마침내 안락이 찾아오리라.

그러므로 세상에 복된 이
그를 사모해 그 행을 따르면
모든 바라는 바 잘 이루게 되어
복록은 갈수록 늘어나리라.

— 법구경

사리분별이 분명한 것을 지혜라 하고, 지혜가 실천적 힘을 얻을 때 인격이 됩니다. 이를 불가에서는 이타정신(利他精神)이라고 이릅니다.

이타정신은 '자기 자신의 인격을 원만하게 완성시키고, 그 원만한 인격의 힘으로 사회와 이웃을 위하여 헌신하고 봉사함으로써 아름다운 세상을 이루는 것'을 말합니다.

'이타정신'은 지식이 많다고 해서 이루어지는 것이 아니며, 신분이나 지위가 높다고 해서 되는 것도 아닙니다. 오로지 나를 맑히고 이웃의 행복을 위하는 이만이 이룰 수 있는 것입니다. 추위를 이겨낸 매화가 맑은 봄 향기로 사람들에게 기쁨을 주듯, 이타의 향기로움으로 온 세상이 행복으로 충만합니다.

야부도천 선사는 노래합니다.

"조개 속에 진주가 숨어 있고, 돌 속에 벽옥이 들어 있듯이, 사향을 지니면 절로 향기로운데, 무엇하러 바람 앞에 서려 하는가."

마음보다 몸뚱이에 집착하는
어리석음을 경계하라

마음은 함부로 날뛰며 헤매는 것
마음은 제멋대로 방황한다.

마음을 다스리는 것은
진정 훌륭한 일이니
마음을 다스리면 행복이 온다.

— 법구경

『능가경』「집일체법품」에 '마음은 주인이고 몸은 나그네이다. 주인과 나그네, 이것만 바로 알아도 힘을 얻어 몸으로 짓지 않더라도 마음대로 이루리라'는 말씀이 나옵니다.

"주인과 나그네 이것만 바로 알아도 즐거움이란 것도, 괴로움이란 것도 다 하나같이 허공(마음)에 떠 있는 먼지(망상)들임을 알게 될 것이다. 먼지들은 어지러이 흩날릴망정 허공은 늘 한결같아 차지도 줄지도 않으며, 더럽지도 깨끗하지도 않은 것과 같이, 망상들이 어지러이 흩날릴망정 마음은 늘 한결같아 즐겁지도 괴롭지도 않으며, 깨끗하지도 더럽지도 않다.

움직이는 것은 먼지요, 오고 가는 것은 나그네며, 맺혔다 없어지는 것은 물방울일지언정, 늘 그러한 것은 허공이요, 늘 머무는 것은 이 마음이며, 물은 오히려 그대로이다.

불자여! 세상의 온갖 것이 오직 마음 뿐 딴 법이 없다면, 모든 것을 몸으로 짓지 않더라도 힘을 얻어 마음대로 이루리라."

사람들은 마음이 몸뚱이의 주인임을 망각하고 몸뚱이라는 나그네에게 끄달려 허덕거리며 살아갑니다. 나그네는 때가 되면 떠나지만 주인은 언제나 나와 함께 합니다. 언제나 함께 하는 주인공을 바로 보고 다스려 참된 삶을 살아가소서!

학명 선사는 노래합니다.

"전생에는 누가 나이며 내생에는 누가 나일까. 금생에는 '가짜 나'에 집착하여, '참 나' 밖에서 '참 나'를 헤매었구나."

바다는 소리를
내지 않고 흐른다

깊은 물과 얕은 물은
그 흐름이 다르다.
바닥이 얕은 개울물은
소리를 내고 흐르지만
깊고 넓은 큰 바다의 물은
소리를 내지 않고 흐른다.

부족한 것은 시끄럽지만
가득한 것은 조용하다.
어리석은 사람은
반쯤 데워진 물그릇과 같고
지혜로운 사람은
가득 찬 연못과 같다.

— 법구경

지혜로운 이는 자신을 드러내지 않지만 저절로 인격이 드러나 모든 이들이 존경합니다. 어리석은 이는 자신을 드러내려 분주하지만 이런저런 시비분상에 휘말려 망신을 당합니다. 노자는 "잘 싸우는 자는 노하지 않으며, 잘 이기는 자는 잘 싸우지 않는다."고 하였습니다. 세상의 시비분상에 초연하되 세상과 함께하는 여여한 날 되소서!

임제의현 선사는 노래합니다.

"옳거니 그르거니 따지지를 마라. 산은 산이요 물은 물 그대로 아니런가. 어찌 서쪽 하늘에만 천국이 있을소냐. 흰 구름 걷히면 모두가 청산인 것을."

헛된 욕심은
달콤한 말에 속기 쉽다

사람이 비록 백년을 산다 해도
바른 것을 멀리하고
계율을 지키지 않으면

단 하루를 살더라도
계율을 지키고 뜻을 바르게 하며
선(禪)을 닦는 것만 못하다.

— 법구경

『백유경』에 '공덕을 훔쳐가는 도둑' 이야기가 나옵니다.

옛날 어떤 가난한 사람이 남의 품을 팔아 굵은 베옷 한 벌
을 사 입었다. 이웃 사람이 그에게 말하였다.

"그대는 단정한 귀족의 아들인데 왜 이런 낡고 굵은 베옷을
입었소? 당장 그대에게 훌륭하고 아름다운 옷을 얻을 수 있는
방법을 가르쳐 드릴 터이니 내 말을 따르시오. 나는 결코 그대
를 속이지 않을 것이오."

그는 기뻐하면서 이웃 사람의 말을 따르기로 하였다. 이웃
사람은 그 앞에서 불을 피워 놓고 말하였다.

"지금 그 추한 베옷을 벗어 이 불속에 던지시오. 그것이 탄
곳에서 훌륭하고 아름다운 옷을 얻도록 하겠소."

그는 입었던 옷을 불속에 던졌다. 그러나 그것이 탄 자리에
서 아무리 좋은 옷을 찾으려고 해도 얻을 수가 없었다.

세상 사람도 그와 같다. 과거 온갖 선한 법을 닦아 사람의
몸을 얻었는데, 그것을 보호하여 덕을 쌓고 업을 닦아야 함에
도 불구하고 외도의 삿되고 나쁜 말과 헛된 욕심에 홀려 버린
다. 곧 "너는 지금 내 말을 믿고 온갖 고행을 닦아라. 높은 바
위에서 몸을 던지거나 불 속에 들어가라. 이 몸을 버린 뒤에는
범천에 나서 언제나 쾌락을 받을 것이다."라고.

그 말을 따라 목숨을 버리고 죽는다면 뒤에 지옥에 떨어져

갖은 고통을 당하게 되는 것이다. 이미 사람의 몸을 잃고 아무 얻음도 없는 것은 마치 저 가난한 사람과 같다.

세상엔 달콤한 말에 속아 넘어가서 어려운 지경에 빠진 이들이 많습니다. 원하는 목적지에 도달하기 위해선 먼저 바른 길을 알아야 하고, 해태하지 않고 그 길을 묵묵히 걸어갈 때, 비로소 원하는 목적지에 도달할 수 있음을 유념할 일입니다.

야부도천 선사는 노래합니다.

"담 넘어 뿔을 보면 문득 소인 줄 알고, 산 넘어 연기를 보면 문득 불인 줄 알도다. 홀로 앉아 높고 높음이여 천상천하거늘, 동서남북에서 거북과 기와로 점을 치도다."

천지는 나와 한 뿌리요,
만물은 나와 한 몸이다

모든 흙과 물은 다 나의 옛 몸이고
모든 불과 바람은 다 나의 본체이니
항상 방생을 행할지니라.

세세생생 몸을 받아 상주하는 법으로써
사람들을 가르쳐 방생하게 하고

만일 세상 사람들이
축생을 죽이는 것을 보면
마땅히 방편을 구호하여
그 고난을 풀어주며

항상 널리 교화하여 보살계를 강설해
중생을 구제해야 하느니라.

— 범망경

사람들은 자연의 순환을 무시한 채 무리하게 나무를 베어내고 바다를 메우고 산을 깎아낸 후 혹심한 재앙으로 고통을 겪고 있습니다. 전 세계적으로 몰아치고 있는 자연 재앙도 돌이켜 보면 근원은 우리 인간 자신들이 만들어 놓은 업보입니다.

산에 나무가 없으면 홍수 조절이 되지 않습니다. 산을 마구잡이로 깎아내면 지반의 안정이 흩어져 대형 산사태를 유발합니다. 자연적으로 굽이굽이 흐르는 내와 강을 인위적으로 파내고 보를 만들면 강물은 썩고 물고기는 살 수 없습니다.

얄팍한 경제논리와 편리함만을 주장하며 자연을 훼손하면 끝내는 인간 스스로를 절망케 하며 고통스럽게 함을 어찌 모른단 말인가요? 자연은 자연 그대로 자연히 흐르게 할 때 비로소 자연의 역할을 합니다.

승조 대사는 "천지는 나와 한 뿌리요, 만물은 나와 한 몸(天地與我同根 萬物與我一體)"이라고 했습니다. 자연은 바로 '나 자신'임을 유념할 일입니다.

나옹 대사는 노래합니다.

"눈앞의 꽃이로구나, 산도 물도 이 땅도 다 그런 거지. 보이고 들리는 것들 맑고 맑구나. 보고 듣는 이것이여! 세계마다 티끌마다 오 아미타불이여! 오 법왕의 몸이여!"

질투하는 사람의
일곱 가지 죄악

바른 뜻을 따라 행동하고
맑고 밝음을 깨달아 알며
시기하거나 질투하지 않으면
선한 말을 민첩하게 통달하리라.

— 법구경

속담에 '남의 떡이 더 커 보인다'는 말이 있습니다. 이 말은 인간의 끝없는 욕심과 상대적 빈곤이 어우러진 질투심을 표현한 것이라 할 것입니다. 질투심은 자신의 발전을 촉발시키는 순기능적인 면도 있지만 질투심이 깊어지면 상대를 괴롭힐 뿐만 아니라 자신의 심성을 피폐하게 만듭니다.

『중아함 원가경』에 '질투하는 사람이 짓는 일곱 가지 죄악'이 나옵니다.

부처님께서 사위성 기수급고독원에 머물 때의 일입니다. 어느 날 비구들에게 질투하는 사람이 짓는 일곱 가지 죄악에 대해 말씀하셨습니다.

"첫째, 서로 원한이 있는 사람들은 상대의 집안에 미인이 있는 것을 질투하여 미인이 어떻게 되기를 바란다. 그러나 질투심을 지니면 아무리 깨끗하게 목욕하고 좋은 향을 바르더라도 그 얼굴이 점점 나빠진다. 질투심에 덮여 나쁜 마음을 버리지 않기 때문이다.

둘째, 서로 원한이 있는 사람들은 상대 집안사람이 편안히 잠자는 것을 질투하여 안온하지 못한 잠을 자기를 바란다. 그러나 질투심을 지니면 아무리 좋은 침대에서 좋은 베개를 베고 자더라도 편안하게 자지 못한다. 질투심에 덮여 나쁜 마음을 버리지 못하기 때문이다.

셋째, 서로 원한이 있는 사람들은 상대 집안에 좋은 일이 생기는 일을 질투하여 좋은 일이 생기지 않기를 바란다. 그러나 질투심을 지니면 아무리 애를 쓰더라도 끝내 좋은 일이 생기지 않는다. 질투심에 덮여 나쁜 마음을 버리지 못하기 때문이다.

넷째, 서로 원한이 있는 사람들은 상대 집안에 좋은 친구가 있는 것을 질투하여 좋은 벗이 없어지기를 바란다. 그러나 질투심을 지니면 좋은 벗이 그를 피해간다. 질투심에 덮여 나쁜 마음을 버리지 않기 때문이다.

다섯째, 서로 원한이 있는 사람들은 상대 집안이 칭찬 듣는 것을 질투하여 칭찬 듣지 않기를 바란다. 그러나 질투심을 지니면 나쁜 이름이 사방에 퍼진다. 질투심에 덮여 나쁜 마음을 버리지 않기 때문이다.

여섯째, 서로 원한이 있는 사람들은 상대 집안이 큰 부자가 되는 것을 질투하여 큰 부자가 되지 않기를 바란다. 그러나 질투심을 지니면 몸과 말과 생각으로 나쁜 업을 지음으로써 끝내 재산을 잃게 된다. 질투심에 덮여 나쁜 마음을 버리지 않기 때문이다.

일곱째, 서로 원한이 있는 사람들은 상대 집안사람들이 하늘에 나는 것을 질투하여 하늘에 나지 않기를 바란다. 그러나 질투심을 지니면 몸과 입과 뜻으로 나쁜 짓을 하게 되므로 나중에 지옥고를 받게 될 것이다. 질투심에 덮여 나쁜 마음을 버리지 않기 때문이다.

그러므로 알아야 한다. 질투심은 마음의 더러움이 되어 재물이나 명예에 이롭지 않고 도리어 무섭고 두려운 일을 가져온다. 눈먼 장님처럼 바른 법을 깨닫지 못하고 앞이 캄캄해진다.

그러나 슬기로운 사람은 이를 알아 작은 잘못도 없애기에 애쓴다. 그리하면 성냄도 걱정도 없어진다. 질투하는 마음을 끊으면 번뇌가 없어져 열반을 얻으리라."

상대의 장점과 능력을 진심으로 칭찬하고 자신을 분발시키는 동력으로 삼는 이만이 멋진 미래를 기약할 수 있습니다. 마음은 넓힐수록 넓어지는 이치를 유념할 일입니다.

임제 선사는 노래합니다.

"옳으니 그르니 상관 말고, 산이건 물이건 그대로 두라. 서방 극락세계 어디냐고 묻지를 말게. 흰 구름 걷히면 그대로 청산인 것을."

생로병사가
던져주는 교훈

아들도 믿지 말고
부모형제 역시 믿지 마라.
마침내 죽음 앞에 서게 되면
어떤 친분도 다 소용없는 일이다.

— 법구경

『법구비유경』에 '세월이 지나가면 다시 돌아오지 않는다'는 대목이 나옵니다.

파사익 왕의 어머니는 나이 90세가 넘어서 병이 들어 돌아가셨다. 왕과 대신들은 법대로 장사를 지내고 시신을 분묘에 모시는 장례를 마치고 돌아오는 길에 성인의 처소를 들렀다.

성인께서 슬픔에 젖은 왕에게 말씀하셨다.

"예전부터 지금까지 두려운 것이 크게 네 가지가 있는데, 나면(生) 바로 쇠퇴하고(老) 병(病)이 들어 윤기가 없어지는 것이며, 죽으면(死) 정신이 나가서 친속과 이별하는 것이요. 사람에게 때때로 주어지는 만물도 무상하여 오래 있지 못하니 하루하루를 지나는 사람의 생명도 역시 그렇다오. 오하(五河, 인도에 있는 다섯 개의 큰 강)가 주야로 흐르면서 쉬지 않는 것과 같소. 사람의 생명이 빨리 달려가는 것도 이와 같은 것이오."

믿을 수 없는 것이 사람의 목숨입니다. 어제 만났던 이가 오늘 돌아갔다고 부고장 날아오는 예가 허다합니다. 허망한 것이 인생살이인데 어찌 하루를 허투로 보낼 것인가요.

박문수는 노래합니다.

"빈손으로 왔다가 빈손으로 돌아가니 세상일이 뜬 구름 같구나. 무덤을 만들어 놓고 손들은 흩어져 돌아가니 산은 적막하고 쓸쓸한데 달빛만 어슴푸레 하구나."

늙음이 고통인
이유

늙으면 가을 나뭇잎 같으니
어찌 누추한 처지로
푸르름을 넘볼 것인가.

목숨은 죽음을 향해 내달리니
나중에 후회한들
무슨 소용 있겠는가.

목숨은 밤낮으로 줄어드니
때를 놓치지 말고
부지런히 힘써라.

― 법구경

『중아함 분별성제경』에 '늙음이 고통이라고 말한 것은 무엇 때문인가?'라는 말씀이 나옵니다.

"여러 현자들이여! 늙음이란 이른바 이 모든 중생과 저 모든 중생의 무리들은 늙어지면 머리는 희고 이는 빠지며 젊음은 날로 쇠해진다. 허리는 굽고 다리는 휘어지며 몸은 무겁고 상기병에 걸려 지팡이를 짚고 다니며, 살은 쭈그러들고 피부는 늘어져 주름살은 마치 얽은 것 같으며 모든 감각기관들도 다 낡고 얼굴빛도 추악해진다. 이것을 늙음이라고 한다.

여러 현자들이여! 늙음이 고통이라고 말한 것은 중생들이 늙을 때에는 몸이 다 고통을 받는데 온몸이 다 고통을 받으며 느낌에 있어서도 온몸이 느낀다. 마음도 고통을 받는데 온 마음이 다 고통을 받고, 느낌에 있어서도 온 마음이 다 느낀다. 몸과 마음이 고통을 받는데 온몸과 마음이 다 고통을 받으며, 느낌에 있어서도 온몸과 마음이 다 느낀다.

몸이 뜨거움을 받는데 온몸이 다 뜨거움을 받고 느낌에 있어서도 온몸이 다 느낀다. 마음도 뜨거움을 받는데 온 마음이 다 뜨거움을 받고 느낌에 있어서도 온 마음이 다 느낀다. 몸과 마음이 뜨거움을 받는데 온몸과 마음이 다 뜨거움을 받고 느낌에 있어서도 온몸과 마음이 다 느낀다.

몸이 열 번뇌 근심을 받는데 온몸이 다 받고 느낌에 있어서

도 온몸이 다 느낀다. 마음도 열 번뇌 근심을 받는데 온 마음이 다 받고 느낌에 있어서도 온 마음이 다 느낀다. 몸과 마음이 열 번뇌 근심을 받는데 온몸과 마음이 다 받고, 느낌에 있어서도 온몸과 마음이 다 느낀다.

여러 현자들이여! 늙음이 고통이라고 말하는 것은 이렇기 때문에 그렇게 말하는 것이다."

늙음은 누구에게나 고통입니다. 하지만 지혜로운 이는 늙음은 고통이지만 또한 나를 숙성시키는 과정임을 알기에 기쁨으로 받아들입니다.

석전 스님은 노래합니다.

"늙음을 허무하다는 것은 죽음도 삶도 깊이 모르는 입에서 나오는 법. 한지에 먹물이 번지듯이 햇살이 창에 스며들 듯이 죽음은 삶에 스며드는 것. 밝게 스며드는 죽음을 알게 되면 늙는 것도 더 이상 두려운 게 아니네. 죽음을 알고 나면 지혜롭게 사는 일만 오롯이 남아서 오히려 조용하고 태평스러운 시간을 보낼 수 있음이라."

세월의 흐름을
막을 수 없다

늙으면 곧 모습이 변하여
마치 낡은 수레와 같지만
법은 괴로움을 없앨 수 있으니
마땅히 힘써 배워야 한다.

아무 것도 알지 못한 채 늙어 버리면
수소와 같아 다만 몸집만 크고 살만 찔 뿐
어떤 복이나 지혜도 없다.

— 법구경

부처님의 일생을 여덟 종류로 상징화한 팔상성도(八相成道)가 있습니다. 그중 출가 전 싯다르타 태자시절에 동서남북 4문을 나가서 인간의 생애 모습을 살펴보는 내용(사문유관상, 四門遊觀相)이 나오는데 '동쪽 성문을 나가 늙은이를 만나는 대목'이 나옵니다.

부처님께서 출가하기 전 태자시절 궁궐 동쪽 성문을 나갔다. 그때 어떤 늙은이가 길옆에 쭈그리고 앉아 있되 머리가 희고 이가 빠졌으며, 살갗은 느슨하고 얼굴은 주름졌으며, 살은 없고 등은 앞으로 꾸부러졌다.

뼈마디는 시들어서 굽고 눈물과 콧물과 침은 뒤섞여 흐르며, 상기가 되어 어깨로 숨을 쉬고 몸의 빛깔은 검으며 머리와 손은 쓸데없이 흔들고 몸은 벌벌 떨며 똥오줌이 저절로 나오는데 그 위에서 앉았다 누웠다 하므로 태자가 물었다.

"이는 무엇 하는 사람인가?"

"늙은이입니다."

"무엇을 늙음이라 하는가?"

"늙음이란 나이가 들어서 육체가 노화되어 모양이 변하고 빛깔이 쇠하여 기운이 미미하고 힘이 다하여 음식은 소화가 안 되고 뼈마디는 떠나가려 합니다. 앉고 일어남에는 사람이 필요하며 눈은 멀고 귀머거리가 되며 문득 돌아서면 곧 잊어버리고 말을 하면 갑자기 슬퍼지며 목숨이 얼마 남지 않았기 때문에 늙음이라 합니다."

태자가 탄식하며 말했다.

"사람이 세상 사는 데에 이런 늙음이란 근심이 있었구나. 어리석은 사람이야 삶에 대해 탐내고 집착을 하겠지만 (늙음이란 근심이 있다면) 어찌 즐거울 수가 있겠는가. 만물이 봄에 나서 가을과 겨울이 되면 시들고 마르듯이 늙음은 마치 번개와 같이 다가오거늘 몸이 편안하리라고 어찌 믿겠느냐."

사람은 누구나 세월의 흐름을 막을 수 없습니다. 그런데도 사람들은 나만은 세월의 침노를 안 받을 것인 양 착각하며 살아갑니다. 그러다가 머리가 희어지고 병이 들면 그때서야 후회합니다. 날마다 나를 돌아보는 지혜로운 날들이 되소서!

왕유는 노래합니다.

"홀로 앉아 희끗희끗한 양 귀밑털을 슬퍼하노라니 텅 빈 마루에 어느덧 야밤 이경이 되어 오네. 산중엔 비 내리는 가운데 산과실 떨어지고 등잔 밑에선 가을 풀벌레 구슬피 우네. 백발은 끝내 다시 검게 변하기 어렵고 단사(丹砂)로 황금을 만들어 낼 수 없네. 생로병사 고통을 제거하는 이치를 터득코자 한다면 오직 불생불멸의 불도를 배우는 길뿐이네."

괴로움을 본 자는
괴로움의 소멸을 본다

괴로움을 본 자는
괴로움의 소멸을 본다.

컴컴한 방에 불 켜듯이
한순간에.

— 법구경

『증일아함경』에 '사람들이 좋아하는 것이 얼마나 부질없는 것인가'에 대한 말씀이 나옵니다.

성인께서 사위성 기원정사에 계실 때 제자들에게 말씀하셨다.

"이 세상에는 사람들이 좋아하고 탐내는 것이 셋이 있다. 젊음과 건강과 목숨이다. 그러나 비록 한때는 젊다 하더라도 반드시 늙음이 오리니 그것은 애착할 것이 못된다. 비록 건강하다 하더라도 병들 때가 있으리니 건강은 뽐낼 것이 못된다. 비록 현재는 목숨이 있더라도 언젠가는 죽게 될 것이니 매달리고 집착할 것이 못되느니라."

사람들은 누구나 젊음과 건강과 장수를 꿈꿉니다. 하지만 안타깝게도 생로병사는 누구도 피할 수 없는 숙명입니다. 설사 천하를 호령하는 권력가나 산더미 같은 재물을 가진 이라 할지라도 그것은 어쩔 수 없습니다.

요즘 구글에서는 인간 수명을 500세까지 연장하는 방법을 연구한다고 합니다. 설사 그 연구가 실현되어 500년을 산다고 해도 근본적인 실상은 다를 바 없습니다.

진정으로 평안한 인생길을 원한다면 '그토록 원하고 좋아하는 것들이 얼마나 부질없고 허망한 것인가'를 깨달아야 합니다. 그러할 때 비로소 인생길은 물 흐르듯 편안할 수 있습니다. 매달리고 집착하는 어리석음의 굴레에서 벗어난 이에겐 걸음걸음에 걸림이 없으니 인생이란 소풍길이 어찌 즐겁지 않으리오.

나옹 선사는 노래합니다.

"철 주장자 가로 매고 휴휴암에 왔더니 쉬고 쉴 곳 얻어 곧 쉬었노라. 지금 이 휴휴암을 훌훌 떠나 사해오호를 마음대로 노닌다."

차면 넘치는 이치 알아
늘 자기점검해야

파초나 대나무는
열매를 맺으면 시들고

당나귀는 새끼를 배면
죽기 쉽듯이

사람은 명성을 얻으면
타락하기 쉽느니라.

— 율장소품

겸손하지 못하고 교만하며 남들에게 대접 받기를 원하거나, 자신에게는 흠이 없다고 자만함은 스스로 허물을 키우는 것입니다. 회남자는 "강물이 모든 골짜기의 물을 포용할 수 있음은 아래로 흐르기 때문이다. 오로지 아래로 낮출 수 있으면 결국 위로도 오를 수 있게 된다."고 합니다. 지혜로운 이는 '차면 넘치는 이치'를 알기에 항상 자신을 돌아보며 점검하기를 게을리 하지 않습니다.

공자는 이릅니다.

"총명하고 생각이 뛰어나도 어리석은 체하고, 공이 천하에 떨쳐도 늘 사양하여야 하고, 용맹과 힘이 세상에 떨칠지라도 늘 조심하여야 하고, 돈이 많더라도 늘 겸손해야 할지니라."

죽음에 이르러
어떤 마음을 가져야 하는가

꽃을 꺾는 일에만 팔려
마음에 끈질긴 집착을 가지고
욕망에 빠져 허덕이는 사람은
마침내 죽음의 악마에게 정복 당한다.

— 법구경

『증지부경』에 '죽음에 이르러 어떤 마음을 가져야 하는가'에 대한 말씀이 나옵니다.

한 집안의 가장이 중병을 앓고 있었는데 남겨진 아내와 자식 걱정에 불안하고 초조한 마음을 품었다. 이를 눈치 챈 아내는 근심을 가진 채 죽는 것은 고통스런 일이며, 그릇된 일이라고 남편을 일깨워주었다. 그리고 이렇게 말하였다.
"당신은 당신의 사후에 가족의 생계와 양육이 걱정되겠지요? 나는 실을 뽑고 길쌈도 할 수 있어요. 이를 통해 애들과 먹고 살 수 있습니다. 내가 재혼할까봐 걱정이 되나요? 어린 나이에 시집와 당신에게 한 번도 불성실한 적이 없었어요. 당신이 죽더라도 변함없이 절개를 지킬 거예요. 나의 정신적 발전이 걱정되나요? 나는 정신적 발전을 위해 계속 정진할 거예요. 그러니 당신은 아무 염려 말고 편안히 죽음을 맞도록 해요."
이 말을 전해들은 성인께서는 그녀의 지혜와 침착함을 칭찬해주셨다.

죽음을 맞이하는 순간의 마음이 다음 생을 결정합니다. 설사 생전에 아무리 수행을 잘했다 할지라도 죽음에 이르러 마음이 흐트러지면 악취에 떨어지기 십상입니다.
그래서 고인은 "살아 있는 사람들은 죽음을 맞이하는 이의 마

음을 흐트러지게 해서는 안 된다. 그의 마음을 평안하게 해줌으로써 좋은 곳으로 갈 수 있도록 해야 한다."고 말합니다. 깊이 유념할 일입니다.

경봉 선사는 노래합니다.

"하늘에 가득한 비바람이 허공에 흩어지니 달은 일천강의 물 위에 떠 있고, 산악은 높고 낮아 허공에 꽂혔는데 차 달이고 향 사르는 곳에 옛 길을 통했네."

남에게 베풀면
큰 재물을 얻는다

더위와 추위 가리지 않고
아침저녁으로 부지런히 일하면
어느 사업이든 안 될 것 없으리라.

명예와 덕망과 벗을 얻음도
또한 그와 같느니.

이렇게 노력하는 자
마침내 근심 걱정 없게 되리라.

— 아함경

『비유경』에 다음과 같은 내용이 나옵니다.

　　옛날 어떤 가난한 사람이 큰 부자를 보고는 그 부자처럼 많은 재물을 모으려고 노력했다. 그러나 뜻대로 되지 않자 화를 내며 이미 갖고 있던 작은 재산을 몽땅 물속에 버리려고 했다. 그 모습을 본 어떤 이가 말했다.

　　"당신이 가진 재산은 비록 많다고는 할 수 없지만, 늘릴 수 있는 방법이 없는 게 아니다. 그대는 아직 살날이 많이 남아 있는데, 왜 전 재산을 물속에 던져 버리려고 하는가?"

　　속담에 이르길, "한 숟가락에 배부를 수 없다."고 했습니다. 재산을 모으려면 피나게 노력하고 때를 기다릴 줄 아는 인내가 필요함을 의미합니다. 명예와 덕망과 벗을 얻음도 또한 그러합니다. 평소부터 꾸준히 관심을 기울이고 헌신할 때 비로소 얻을 수 있음을 명심할 일입니다.

　　『명칭경』은 이릅니다.

　　"어떻게 해야 명예를 얻고, 어떻게 해야 큰 재물을 얻을 수 있으며, 어떻게 해야 덕망이 높아지고, 어떻게 해야 친한 친구를 얻을 수 있는가? 도덕을 지키면 명예를 얻고, 남에게 베풀면 큰 재물을 얻으며, 거짓 없이 진실하면 덕망이 높아지고, 은혜로우면 착한 벗을 얻게 되느니라."

얼굴에 고스란히 드러나는
사람의 인생역정

덕행을 이룬 현인은
높은 산의 눈처럼
멀리서도 빛나지만

악덕을 일삼는
어리석은 자는
밤에 쏜 화살처럼
가까이에서도 보이지 않는다.

어리석은 사람은
한평생 현인과 가까이 지내도
현인을 알아보지도 못하고
현인의 진리도 깨치지 못한다.

— 법구경

한 사람이 살아온 인생역정은 그 사람의 얼굴을 보면 알 수 있습니다. 그 사람의 심성 등 일체의 정보가 그대로 드러나는 곳이 바로 얼굴이기 때문입니다. 그래서 관상을 전문적으로 배우지 않은 사람일지라도 안목이 있으면 상대방의 얼굴을 보고 그 사람의 삶의 깊이를 꿰뚫어 볼 수 있습니다.

프랑스의 소설가 H.발자크는 말합니다.

"사람의 얼굴은 결코 거짓말을 하지 않는다. 사람의 얼굴에는 많은 그림이 그려진다. 슬픔과 기쁨, 그리움과 아쉬움 등이 시시각각으로 그려진다. 그래서 얼굴은 마음의 거울이라고 한다. 마음이 깨끗하면 표정이 맑다. 마음으로 남을 저버리지 않으면 얼굴에 부끄러운 빛이 있을 턱이 없다. 프랑스의 철학자 데카르트도 '남을 증오하는 감정은 얼굴의 주름살이 되고, 남을 원망하는 마음은 고운 얼굴을 추악하게 변모시킨다'고 말했다. 우리는 한 사람을 평가할 때 대체로 그 얼굴로 판단하게 된다. 그만큼 얼굴은 한 사람의 모든 특징을 잘 나타낸 중요한 기호인 것이다."

맑고 부드러우며 수줍은 듯 겸손한 '보름달 같은 얼굴'로 모든 이들에게 평안함을 주는 그런 사람이 되소서!

철선혜즙 선사는 노래합니다.

"두 그루 복사 오얏 지난해에 옮겨 심어 햇볕 쬐고 안개 젖어 가지마다 꽃 가득해. 팔랑팔랑 나비 모습 아껴 보려 하여서 지팡이로 거미줄을 자주 없애주노라."

언제 죽더라도
후회 없는 삶 살아야

욕망의 누더기를 벗어 버리고
훨훨 날듯이 살아가는 사람,

삶과 죽음으로부터 초월하여
편안한 곳으로 돌아가
맑고 푸르기가 호수 같은 사람,

그에게는 무한히 솟구치는 예지가 있어
이 세상의 어떤 것에도 물들지 않는다.

— 숫타니파타

『증일아함경』에 보면 '죽음은 어느 누구도 피할 수 없음을 보여주는 일화'가 나옵니다.

옛날 신통력이 자재한 범지들이 있었다. 그들은 신통력도 있고 선행도 많이 쌓았지만 수명이 다하게 되었다. 그들은 모여서 의논하였다.

"죽음의 사자가 올 때 우리가 어디에 있는지 알지 못하게 숨어 버리자."

그래서 한 범지는 신통력을 부려서 허공에 올라가 숨었지만 죽음을 피하지 못하고 공중에서 목숨을 마쳤다. 또 한 범지는 깊은 바닷속으로 피했고, 또 한 범지는 수미산 중턱으로 피했으며, 또 한 범지는 땅속 깊이 들어갔으나 모두 자신들이 피한 곳에서 죽게 되었다.

성인은 죽음에 대하여 말씀하셨다.

"허공도 아니요. 바닷속도 아니며 험한 산 바위속도 아니다. 죽음을 피하여 숨을 곳은 이 세상 어디에도 없느니라."

죽음은 누구에게나 공평합니다. 아무리 돈이 많고 권세가 드높아도 죽음의 사신은 피할 수 없습니다. 그런데도 사람들은 영원히 살 것처럼 온갖 욕심을 내며 살아갑니다. 어떤 이는 사신이 턱 밑까지 다가선 순간까지도 욕심을 떨쳐내지 못하고 허덕거립니다. 그러다가 막상 죽음을 맞이하는 순간에야 비로소 두렵고 황망하여 후회의 눈물이 앞을 가립니다.

지혜로운 이는 '인생은 영원하지 않음'을 알기에 작은 것에 만족하며 진실 되게 살았기에 죽음이 닥치더라도 담담히 받아들입니다. 고인은 "인생은 세상이란 무대에서 주인공이 되어 한바탕 연기를 펼치다가 극이 끝나면 미련 없이 내려오는 것"이라고 말합니다.

오늘도 세상이란 무대에서 주인공이 되어 멋지게 춤추고 노래하며 기분 좋게 한 판을 즐기니 이처럼 행복한 일이 어디 또 있을까요.

톨스토이는 말합니다.

"이 세상에 죽음만큼 확실한 것은 없다. 그런데도 사람들은 겨우살이는 준비하면서도 죽음은 준비하지 않는다."

새가 꽃을 물어오지 않아도
봄바람은 저절로 꽃다운 것을

초판 1쇄 인쇄일	2021년 3월 10일
초판 1쇄 발행일	2021년 3월 15일
글	장곡스님
발행인	정호스님
발행처	대한불교조계종 불교신문사
책임편집	하정은
편집제작	선연
출판등록	2007년 9월 7일(등록 제300-207-133호)
주소	서울시 종로구 우정국로 67 전법회관 5층
전화	02)733-1604
팩스	02)3210-0179
e-mail	tdyeo@ibulgyo.com

© 2021, 장곡스님

ISBN 979-11-89147-13-6 03220

값 18,000원